DE L'AMÉLIORATION

DE

L'INDUSTRIE AGRICOLE

DANS

LA PROVINCE DE LUXEMBOURG

ET

RENSEIGNEMENTS DIVERS

SUR

le Grand-Duché de Luxembourg,

SUIVIS

D'UN APPENDICE

donnant des notes de nature à intéresser les personnes qui désirent faire une excursion dans ce beau et riche pays

PAR

Emile Reuter,
Officier aux carabiniers.

LUXEMBOURG.
IMPRIMERIE PIERRE BRÜCK, LIBRAIRE-ÉDITEUR.
1875.

DE

L'INDUSTRIE AGRICOLE

DANS

LA PROVINCE DE LUXEMBOURG

ET

RENSEIGNEMENTS DIVERS

SUR

le Grand-Duché de Luxembourg,

PAR

Emile Reuter,

Officier aux carabiniers.

LUXEMBOURG.

IMPRIMERIE PIERRE BRUCK, LIBRAIRE-ÉDITEUR.

1875.

OUVRAGES DU MÊME AUTEUR.

Le vocabulaire français, flamand et allemand à l'usage du troupier belge.

Reconnaissances et Dialogues militaires, en français, flamand et allemand, ou le Vademecum indispensable de l'officier en campagne (à l'usage des officiers de toutes armes).

Le conseiller en cas de désordres, troubles, émeutes etc.

Les ardennes belges au point de vue militaire et agricole; projet de création d'établissements civils et militaires dans cette province.

OUVRAGE DÉDIÉ AUX LUXEMBOURGEOIS.

....

DE

l'industrie agricole dans la province de Luxembourg et renseignements divers sur le Grand-Duché de Luxembourg,

SUIVIS

d'un appendice donnant des notes de nature à intéresser les personnes qui désirent visiter ce beau et riche pays,

PAR

Emile REUTER,

Lieutenant aux carabiniers, détaché au ministère de la guerre.

AVANT-PROPOS.

Pour qui connait la province de Luxembourg, il est incontestable qu'elle possède de nombreux éléments de prospérité qui restent improductifs, faute de voies économiques de transport. — Dès aujourd'hui, la plupart des autres provinces sont nos tributaires ou le deviendront forcément pour un grand nombre d'objets de première nécessité pour les consommateurs, aussi bien que pour les grandes industries de la Belgique; tels sont le bétail de nos races bovine, ovine, porcine et même chevaline, nos ardoises, nos pierres, nos bois, et surtout nos minerais. Malgré les étrangetés et les erreurs qui se débitent et se publient trop souvent, notre richesse minérale pourrait, à elle seule, procurer, pendant de très-longues années, tous les minerais dont la sidérurgie du royaume s'approvisionne à l'étranger.

Le Luxembourg, si injustement déprécié, devrait donc peser de toute la valeur de ses richesses agricoles, forestières et minérales dans les destinées commerciales et industrielles de la Belgique. Et cependant, il a toujours eu, peut-être aujourd'hui plus que jamais, ses détracteurs de bonne ou de mauvaise foi. On affirme, dans certaine sphère au moins, que c'est un pays sans ressources et sans avenir; et l'on ajoute que, d'après nous ne savons quelles données de comptes établissant la valeur monétaire des faveurs accordées par le gouvernement à chaque province, il résulterait que de 1858 à 1868, dans cette période de dix années, la province de Luxembourg aurait reçu proportionnellement à sa population la plus large part. Et qu'en définitive — elle coûte plus au trésor qu'elle ne lui rapporte.

De pareilles allégations, si peu vraisemblables qu'elles soient, ne peuvent manquer de causer le plus grand préjudice aux intérêts de notre province, parce qu'elles en éloignent les spéculateurs étrangers et les capitaux d'exploitation. Elles ne prouvent pourtant qu'une chose: c'est que ceux qui s'en font les organes, ne connaissent pas la province du Luxembourg et qu'ils confondent les causes et les effets. Car nous ne voulons pas les taxer de mauvais vouloir et de mauvaise foi.

Et d'abord, ce n'est pas seulement jusqu'en 1858, qu'il faudrait remonter pour établir de semblables relevés, mais c'est au moins 1830 que l'on devrait prendre pour point de départ. Il est une chose avérée pour tous ceux qui s'intéressent aux affaires de notre province, que le Luxembourg n'a été sous le régime hollandais qu'une colonie pour ainsi dire exploitée au profit des provinces septentrionales. Et nous avons la certitude, que l'on établirait de la manière la plus évidente que, depuis que la Belgique a proclamé son indépendance, la province de Luxembourg a été et est encore, proportionnellement à la superficie, la moins favorisée des neuf provinces du pays.

Ensuite on ne peut poser sérieusement comme base de ces comparaisons une répartition par tête d'habitants. En bonne économie administrative et sociale, ce sont l'étendue territoriale, les ressources agricoles, forestières et minérales qui doivent servir de mobile et de règle à la répartition des avances de fonds et des moyens économiques d'exploitation. Car le revenu territorial et la population s'accroissent toujours en raison de l'importance des capitaux d'exploitation que l'on met en œuvre. N'est-ce pas en couvrant de routes et de canaux d'abord, de voies ferrées ensuite, les provinces de Liége, du Hainaut, des Flandres, et même cette pauvre Campine, que le gouvernement y a attiré les capitaux, les bras et toutes les forces du travail? Que l'on applique enfin le même système au Luxembourg, que l'on facilite, la création des grandes voies de communication qui peuvent seules donner à ses produits des débouchés en rapport avec leur importance, leur valeur, et le trésor public ne tardera pas à retrouver largement les intérêts de cette sollicitude, dans la plus value de la propriété foncière et bâtie et dans le développement des opérations commerciales et industrielles qui se produiront nécessairement.

Bref, la province de Luxembourg se trouve placée dans des conditions d'infériorité incontestables non seulement vis-à-vis des autres parties de la Belgique, mais encore des autres contrées qui l'entourent.

Là des chemins de fer nombreux, des canaux, des rivières navigables, des routes et des chemins presque partout terminés, se rencontrent à chaque pas. Ici, pour un territoire qui comprend le 6ᵉ du sol belge, un nombre très restreint de lignes ferrées, pas un seul canal, pas un kilomètre de rivière navigable, des routes et des chemins encore bien insuffisants. Voilà la situation comparée sous le rapport des moyens de communication et de transport. L'insuffisance, nous dirions presque l'absence des moyens économiques de transport arrête la production; aucune industrie nouvelle ne vient s'implanter chez nous, et la première et la plus ancienne des industries, l'agriculture ne fait que végéter dans l'abandon et la solitude où elle est laissée, car les produits n'ont de valeur que pour autant que les moyens de les expédier sont donnés. C'est pour ce motif que nous venons aussi réclamer aujourd'hui avec tant d'instance la création de voies qui nous permettent d'exploiter les productions si variées de notre sol.

On comprendra donc que tous nos efforts tendent à faire adopter les moyens qui doivent mettre un terme à une situation aussi déplorable. On comprendra que nous dirigions toute notre sollicitude vers ce but, que nous cherchions à convaincre les populations des autres provinces et le gouvernement lui-même que l'intérêt général du pays est intimement lié au développement matériel du Luxembourg; qu'il y a dans cette province un marché important et des besoins considérables que l'industrie belge est appelée à satisfaire, en même temps que cette partie du pays possède des matières premières inépuisables, qui peuvent l'alimenter pendant longtemps à des conditions fort avantageuses.

Maintenant que les autres provinces sont si bien et si largement dotées, ne devrait-on pas s'occuper un peu plus du Luxembourg qui, nous pouvons le dire, est loin d'avoir eu sa part des faveurs de l'État, et qui a fait tache jusqu'à présent dans la prospérité générale; cette province n'est pourtant pas moins digne d'intérêt que les autres! N'oublions pas que dans toute la Belgique il n'y a plus que la province de Luxembourg, où l'insuffisance des moyens de transport et leur taux exorbitant placent l'agriculture, le commerce et l'industrie dans des conditions impossibles pour soutenir une concurrence réelle avec les contrées qui nous entourent.

Malgré l'abondance inépuisable de matières premières de toute espèce, malgré la sobriété, l'énergie et l'intelligence de ses habitants, malgré sa situation au milieu de centres importants de consommation, il est peu de contrées, nous ne dirons pas en Belgique, mais dans l'Europe entière, aussi peu avancées que la nôtre au point de vue du progrès matériel. — Population, richesse publique et, par conséquent, produit des impôts, ne s'y développent qu'avec une lenteur que les autres provinces ont depuis longtemps oubliée, grâce au merveilleux réseau de rivières, de canaux et de chemins de fer dont la nature et l'État les ont dotées.

Espérons que l'attention publique se fixera une bonne fois sur l'avenir d'une province que la Providence semble avoir destinée à une prospérité matérielle inconnue jusqu'ici, et qui ne pourrait manquer d'exercer la plus heureuse influence sur l'avenir des autres provinces.

Le gouvernement doit en bonne justice tenir compte des griefs sérieux que nous exposons dans notre ouvrage; nous croyons avoir fait œuvre utile en reproduisant dans ce livre des plaintes dont d'autres que nous se sont déjà faits les interprètes.

L'accueil bienveillant que les Luxembourgeois ont fait à l'ouvrage „Les Ardennes belges" nous a beaucoup encouragé à publier le présent travail. En écrivant ce livre, c'est encore à nos chers compatriotes que nous avons songé en première ligne, car faire quelque chose qui puisse leur être utile ou agréable, sera toujours pour nous une tâche des plus agréables et notre plus vif désir.

L'ouvrage que nous dédions aux Luxembourgeois forme 3 parties — la 1re traite du défrichement des bruyères et de l'industrie agricole dans la province de Luxembourg — la 2e fait ressortir 1° les avantages qu'il y aurait pour le pays, si l'on améliorait les cours de la Semois et de l'Ourthe dans le but de faciliter les moyens de transport; 2° l'influence favorable qu'exercerait sur l'industrie agricole de la province de Luxembourg la création du chemin de fer d'Athus-Givet [1]) et 3° considérations militaires — la 3e partie enfin donne divers renseignements sur le Grand-Duché de Luxembourg, de nature à intéresser les personnes qui voudraient visiter ce beau et riche pays.

[1]) Au moment de mettre sous presse nous apprenons que des pourparlers sont ouverts entre les Gouvernements belge et luxembourgeois pour la construction d'un chemin de fer d'Athus à la Meuse (probablement Givet) et pour le raccordement de cette ligne au réseau des chemins de fer luxembourgeois.

PREMIÈRE PARTIE.

DU DÉFRICHEMENT DES BRUYÈRES ET DE L'INDUSTRIE AGRICOLE DANS LA PROVINCE DE LUXEMBOURG. [1]

Si nous progressons, nos progrès sont lents. On ne saurait s'en étonner beaucoup, car c'est le manque absolu de moyens économiques de transport qui, jusqu'à ces dernières années, nous a tenus dans cet état de déplorable infériorité.

De l'avis des agronomes les plus compétents, notre agriculture est appelée à s'engager bientôt dans la voie industrielle et tout fait espérer que le moment n'est pas éloigné où le Luxembourg attirera de ce côté l'attention des capitalistes.

Pour cette branche de l'activité humaine, comme pour toutes les autres industries, l'instruction est une source de

[1]) Rapports généraux sur la situation du commerce et de l'industrie de la province de Luxembourg.

profits. Aussi voit-on avec satisfaction augmenter chaque jour le nombre des membres des comices et des associations agricoles. C'est aux sociétés agricoles, par leurs concours publics, leurs expositions de bétail, de produits et d'instruments perfectionnés qui frappent les cultivateurs en leur parlant aux yeux, et excitent par la publicité leur jalousie ou pour mieux dire leur amour-propre ; c'est à ces associations, disons-nous, de faire comprendre l'efficacité des méthodes nouvelles, de faire remplacer par les découvertes de la science des usages et coutumes qui ont fait leur temps.

On ne saurait trop le répéter, c'est la culture des plantes industrielles qui peut seul élever notre agriculture au degré de prospérité qu'elle a atteint ailleurs.

Il est bien démontré aujourd'hui que, considéré dans son ensemble, notre sol est très-propre à la production de plusieurs plantes, telles que la betterave, le colza et le lin, qui figurent au premier rang parmi les matières réclamées par l'industrie.

Nulle part, le loyer des terres n'est à aussi bas prix.

C'est ainsi qu'il varie de 65 à 85 francs l'hectare dans les arrondissements d'Arlon et de Virton où elles pourraient cependant soutenir la comparaison avec celles des meilleures parties du Brabant et du Hainaut, si elles étaient placées dans les mêmes conditions ; dans beaucoup de localités de la province de Luxembourg, le loyer ne s'élève pas au-dessus de 30 francs et descend même jusqu'à 25 ou 20 francs.

Et pourtant, il n'y a nul doute que l'on ne puisse produire la betterave à sucre à des prix de revient avantageux dans les deux arrondissements cités ci-dessus. On trouve là toutes les qualités du sol désirable pour la réussite de cette racine. Aussi avons-nous la conviction qu'une ou deux fabriques de sucre et quelques distilleries de moyenne importance pourraient y être établies avec toutes les chances de succès, d'autant plus que des débouchés larges et riches leur seraient assurés, dès maintenant, par le chemin de fer du Luxembourg.

Si les terres de la région calcaire conviennent parfaitement à la betterave sucrière, celles de la région ardennaise ne conviennent pas moins au lin et au colza.

Les succès du colza ne sont plus contestables. Cette graine oléagineuse fait, depuis quelques années déjà, l'objet d'un trafic assez important.

Quant au lin, les essais tentés sur plusieurs points ont donné de si beaux résultats, qu'il est permis de fonder un espoir sérieux sur l'extension de cette récolte dans les terres légères de l'Ardenne, si l'on parvient à la combiner avec une abondante production de fourrages; car, pour maintenir la fertilité du sol, on ne peut guère compter ici, comme dans les Flandres, sur les engrais achetés dans les centres populeux, il faut nécessairement les produire sur place.

Dans ces dernières années, des praticiens de mérite ont cultivé le lin sur une grande échelle.

Voici comment M. Dommer, dans une lettre qui a été rendue publique, répond à une demande de renseignements qui lui avait été adressée sur cet objet:

„M. Libert-Defrœne, ancien directeur du rouissage de „la linière de Flarival, demeurant à Grembergen, près de „Termonde, qui traite actuellement ici (en octobre 1863) „une partie de mes lins d'après la méthode de Courtrai, „m'assure que le rendement en kilogrammes par hectare „ne sera pas inférieur à celui qu'on obtient dans les bonnes „terres des environs de Termonde, où la culture du lin est „la ressource principale du cultivateur. Le produit en argent „ne saurait être celui qu'on obtient en Flandre, aussi long„temps que nous ne jouirons pas des mêmes facilités de „transport; mais il ne sera pas inférieur, du moment que

„les lignes de chemins de fer récemment concédées seront „exécutées, et que le marchand viendra acheter les lins sur „pied, ce qui ne peut tarder. Le marchand ne saurait long- „temps ignorer, que nos lins ont le grand mérite d'être en „même temps soyeux et forts, et qu'ils ont autant de valeur „que ceux des contrées qualifiées de bons pays."

Enfin, nous avons sous les yeux une note qui établit les frais de culture et le produit d'un hectare de lin. — Nous n'avons pu, par nous-mêmes, vérifier l'exactitude de ces chiffres, mais nous avons tout lieu de croire qu'ils ne sont pas éloignés de la vérité:

Dépense par hectare.

1° Engrais 1/3 de fumure . . .	frs.	60
2° Labours	„	50
3° Semences	„	100
4° Sarclage	„	30
5° Récolte	„	25
6° Rouissage	„	20
7° Transport	„	15
8° Teillage	„	100
Total	frs.	400

Produit par hectare.

1° 500 kil. de lin teillé à fr. 1 20	600
2° 700 kil. de graines à fr. „ 40	280
Total frs.	880

La culture du lin deviendra donc une source précieuse de richesses pour notre agriculture; à ce titre, elle mérite des encouragements pendant quelques années. — Il importe surtout de propager les bonnes méthodes et de mettre à la portée de nos cultivateurs des graines de bonne qualité.

Il serait facile de faire dans chaque commune, avant l'époque de la récolte, le relevé des terrains ensemencés en lin, et d'en publier le tableau dans les journaux des localités qui sont le centre de ce commerce, comme Renaix, Courtrai et Roulers. Il n'est pas douteux que les acheteurs qui parcourent ces contrées, et notamment les agents des maisons anglaises, ne tentent de former des relations avec notre province.

Mais, comme nous l'avons déjà dit plus haut, la culture du lin ne prendra une extension véritablement solide que si on la combine avec une abondante production d'engrais. Or, la nature elle-même nous offre les moyens d'y parvenir avec la plus grande facilité et au plus grand profit de l'agriculture, comme nous allons le faire voir.

La part prépondérante qu'a le bétail dans le commerce agricole de notre ressort, nous engage à parler aussi de l'aptitude particulière du sol et du climat ardennais à la production de deux racines, les navets et les rutabagas, que les fermiers anglais, si experts en fait d'élevage et d'engraissement, regardent comme la base essentielle d'une bonne alimentation du bœuf et du mouton.

Ce qui mérite également d'être signalé, c'est la facilité avec laquelle on peut créer des pâturages en Ardenne, tout en préparant le terrain pour une culture perfectionnée.

Ainsi, que l'a écrit un agronome éminent, M. Péterson: „Il ne faut, pour cela, que de la chaux. — Elle produit „des effets étonnants sur le sol dénué de calcaire. — Tout „terrain à bruyère, même le plus inculte, lorsqu'il est labouré, „chaulé et ensemencé de graines fourragères, donne, dès la „seconde année, un produit précieux pour le pacage des „troupeaux.“

Ainsi dirigé, le défrichement loin d'être une opération onéreuse, une mise de fonds aléatoire et non susceptible de revenus immédiats, devient, au contraire, une spéculation où les chances de gain sont assurées. Le tout est de ne demander aux bruyères que ce qu'elles peuvent donner.

Un point non moins digne de remarque, c'est la distance considérable qui existe, quant à la rapidité des progrès et des améliorations, entre les exploitations importantes et celles qui ont moins d'étendue. La différence est tellement sensible que l'on ne peut trop préconiser et conseiller la formation d'associations rurales, qui seules peuvent remédier à l'excessif morcellement des terres et mettre la petite propriété au niveau des grandes exploitations. C'est dans l'association que l'avenir trouvera un de ses éléments les plus sûrs de succès et de richesses.

Insistons aussi pour que l'attention se porte vers la sylviculture.

Depuis quelques années, on a bien défriché des bois dans notre province ; ces défrichements irréfléchis sont peut-être la cause principale de la dépréciation de tous les articles de notre commerce de bois.

Nos nombreuses montagnes ne sont pas cultivables avec profit, et le boisement seul peut leur donner une valeur qu'elles n'atteindront jamais autrement.

Bref, nous espérons voir bientôt l'industrie agricole prendre dans le Luxembourg les développements qu'elle a acquis ailleurs depuis longtemps.

N'est-ce pas où le commerce et l'industrie n'existent pour ainsi dire pas, où il sont encore dans l'enfance que l'intervention et les encouragements devraient surtout se faire sentir ?

Malheureusement, et nous le constatons à regret, il est à présumer que rien ne se fera, si l'impulsion n'est donnée par l'autorité supérieure. Nous croyons qu'il ne sera pas inutile de reproduire ici le passage suivant du rapport de la chambre de commerce d'Anvers pour 1863, relativement aux défrichements exécutés dans la Campine. Sans vouloir prétendre que les conditions soient les mêmes dans le Luxembourg, nous pensons que l'on peut trouver dans cet aperçu des conseils salutaires pour la culture des bruyères ardennaises.

„Les bruyères renferment-elles les éléments de fertilité suffisants pour faire l'objet d'entreprises de défrichements, tant dans l'intérêt privé que dans l'intérêt public? Cette question, souvent agitée, controversée et résolue tantôt dans un sens, tantôt dans un autre, nous paraît être digne de l'examen de la chambre de commerce, qui doit évidemment s'occuper de tout ce qui se rattache à l'agriculture industrielle, de ce qui peut tendre au développement matériel de la province.

„Le défrichement de nos bruyères campinoises n'est plus suivant l'avis des personnes les plus compétentes, qu'une question du temps. A de très rares exceptions près qui ne doivent pas entrer en ligne de compte, toutes les landes sont susceptibles de culture et peuvent rendre à l'homme le prix de ses efforts, au capital un intérêt relatif.

„Ce n'est pas à dire que le défrichement soit une opération normale et fructueuse en tout état de causes. Loin de là, subordonnée à des conditions nombreuses, variées et néanmoins connexes, la réussite de l'entreprise n'est possible que si le défricheur est un homme d'ordre, prévoyant, doué de l'esprit d'observation et disposant d'un capital suffisant.

„Pour s'en convaincre, il suffit de passer en revue quelques-unes des conditions requises pour la bonne réussite des défrichements. Ces conditions sont relatives au premier établissement, ou à l'exploitation du domaine rural.

„Parmi les premières, il faut surtout ranger la bonne situation du domaine, le défoncement du sol, la formation d'abris, la déclivité du sol, l'aménagement des eaux.

„Parmi les secondes, il faut citer le bon choix des engrais et la manière de les appliquer, la juste proportion du nombre des têtes de bétail avec le nombre d'hectares exploités, les soins dus aux semences et le sarclage.

„La première condition de réussite est l'heureuse situation du domaine à proximité d'une bonne voie de communication et, de préférence, au bord d'un canal, les voies de communication par eau étant toujours moins coûteuses pour le transport des engrais ou amendements et pour celui des produits de l'exploitation. Il suffit de citer pour exemple l'énorme quantité de sapins, qui se transportent par le canal de la Campine en destination des houillères et des houblonnières. Avant l'établissement de ce canal, on n'avait jamais songé, dans les provinces wallonnes et flamandes, à prendre en Campine des étançons de mines et des tuteurs pour les houblons et pour les haricots.

„Le défoncement doit être au moins d'environ 50 cent. pour les terres de labour et de 80 cent. à un mètre pour les terres forestières, selon l'essence que l'on se propose de cultiver. Les racines pivotantes, telles que celles des sapins, exigent un défoncement plus profond que les racines tallantes.

„Le sol destiné à la création des prairies ne doit être défoncé qu'à une faible profondeur, soit environ à 30 cent., à moins que la couche du tuf ou des gisements de minerai, ne mettent obstacle à l'infiltration des eaux, auquel cas il est nécessaire d'extraire la couche imperméable, ou tout au moins de la rompre.

„La formation d'abris est de toute nécessité en Campine, où les âpres vents du nord et de l'est causent annuellement tant de mal aux récoltes. Les meilleurs abris sont ceux qui sont formés de sapins disposés en quinconce et garnis d'un bourrelet de taillis du côté intérieur.

„Il est très-utile de donner au sol, au moment du défoncement, autant de déclivité que possible dans le sens du nord au sud, ou si le terrain ne se prête pas à cette disposition, dans le sens de l'est à l'ouest. — Outre que cette disposition concourt à préserver les jeunes récoltes de l'action pernicieuse des vents du nord et de l'est, elle place les guérets dans de meilleures conditions d'insolation. L'aménagement des eaux est encore un point d'une grande importance dans l'œuvre du défrichement. Dans les terres légères, les eaux pluviales entraînent une partie considérable des matières fertilisantes enfoncées dans le sol. C'est pourquoi il est très-avantageux d'en disposer pour irriguer les prairies qui doivent occuper les parties les plus basses du domaine.

„Les conditions relatives à l'exploitation proprement dite, n'ont pas moins d'importance que celles qui se rattachent au premier établissement.

„Les labours doivent être profonds, afin que les eaux pluviales ne s'arrêtent pas à la surface du sol, ne déchaussent point la plante et ne compromettent pas son existence; que les engrais enfuis profondément, ne soient point trop chauffés par l'action solaire et ne s'appauvrissent point, sans profit pour la plante, en abandonnant à l'atmosphère les gaz qui naissent de leur décomposition, de leur combustion chimique.

„L'abondance et surtout le choix des engrais sont d'une grande importance dans le défrichement des bruyères. L'absence presque complète d'humus ne permet pas de lésiner en cette matière. Le choix des engrais doit se porter de préférence sur ceux qui concourent le plus activement à former une couche de bonne terre végétale. C'est dans la formation de l'humus que consiste le véritable défrichement, le seul durable. Les boues des villes sont, après les fumiers d'étable, les engrais qui concourent le plus directement à ce but. Les engrais liquides, malheureusement si peu employés en Campine, sont d'une utilité majeure dans les terres légères où l'action des engrais solides est moins durable que dans les terres fortes.

„Ils offrent l'inappréciable avantage de pouvoir être appliqués aux récoltes en voie de croissance, jusqu'à l'époque de la floraison. Le nombre de têtes de bétail doit être en rapport avec l'importance de la culture fourragère.

„A propos de bétail, il ne sera pas inutile d'insister sur l'avantage qu'offrent les bœufs sur les chevaux, dans les attelages aratoires fonctionnant sur des exploitations composées de terres légères. Le cheval représente un capital qui s'use, qui s'amoindrit tous les jours; le bœuf, au contraire, représente un capital placé à intérêt et qui augmente constamment. Le cheval ne doit donc être préféré que lorsque l'attelage doit se déplacer à de grandes distances. Le choix des semences mérite aussi de fixer l'attention, ce point est encore négligé en Campine.

„Des agronomes pleins d'expérience donnent des soins minutieux à la culture des céréales qu'ils destinent aux semailles.

„Ils préparent le sol en lui donnant de nombreux et profonds labours, lui donnent des fumures extraordinaires et obtiennent ainsi des types reproducteurs d'une supériorité remarquable.

„Le sarclage des mauvaises herbes, qui est à peine connu en Campine, est une opération d'une grande importance en agriculture.

„Les mauvaises herbes dérobent une partie considérable des engrais et entravent la croissance des plantes cultivées, qu'elles étouffent. Tels sont les principaux articles du programme que doit suivre le défricheur qui s'attache à abandonner au hasard la moindre part possible. Dans ces conditions la culture aratoire des bruyères est non seulement possible, mais elle doit amener un résultat relatif à l'exploitation des terres en plein rapport. Chargée d'une rente foncière très-modique, elle peut, dans une période qui varie de 3 à 7 ans, transformer des landes stériles en terres arables de bonne qualité et produire entre temps des récoltes abondantes et choisies, telles que lin, houblon etc."

Ajoutons, pour finir, que ce programme, si simple qu'il paraisse, ne peut s'exécuter que sous l'œil du maître.

Celui qui n'a ni le temps ni le courage de payer de sa personne, doit renoncer au défrichement par voie de culture aratoire et se contenter de créer des bois ou des prairies, entreprise qui, pour être moins brillante, n'en est pas moins méritoire, outre qu'elle est d'une réussite moins chanceuse.

Les résultats du défrichement dans le Luxembourg donnent encore lieu à de nombreuses controverses; une personne qui a suivi de près toutes les opérations, dans certaine partie de la province, a dit à ce sujet: „En exécution de la loi de 1847, les communes ont concédé tout ce qui était propre à être mis en culture et rapproché des centres de population. En général, les concessions n'ont pas été très-considérables; cependant, une faible partie seulement est en bon état de culture et le reste ne produit guère plus qu'auparavant, quand toutefois il n'est pas resté dans la même situation qu'à l'époque de la vente. Sauf de rares exceptions, l'aliénation des propriétés des communes satisfaisait plutôt à l'engouement irréfléchi d'un moment qu'à un besoin réel."

La grande quantité de terrains, appartenant à des particuliers, laissée en jachère pendant de nombreuses années et ne donnant, dans ce laps de temps, que quelques genêts ou un maigre pâturage, prouvait surabondamment que les moyens d'exploiter faisaient plutôt défaut que la terre. Quant au reboisement, il est bien évident que les communes auraient pu l'opérer en grand, dans de meilleures conditions que des particuliers ne possédant que des parcelles isolées et, surtout, qu'elles étaient mieux en mesure d'en attendre les résultats.

Maintenant, que tous les défrichements n'aient pas répondu à l'attente des concessionnaires et que les ventes aient été peut-être trop nombreuses, on ne saurait guère le nier, attendu que, si les opérations n'ont pas cessé, elles ne prennent plus guère d'extension. C'est que pour transformer en terre productive un sol épuisé de temps immémorial par l'écobuage, il faut des dépenses considérables en bâtiments, culture, chaux et surtout en engrais. Or, sans pâturage, pour la plupart du temps, sans culture bien productive, établie à côté du défrichement, en l'absence de communications économiques suffisantes, comment faire de l'engrais ? Il serait difficile de s'en procurer dans un pays où les habitants semblent avoir pris à tâche de détruire leur sol par le feu, et résistent, avec une obstination ardennaise, aux conseils de la théorie et de l'expérience.

Le défrichement sur une grande échelle semble donc devoir momentanément s'arrêter ; il en est autrement si l'on défriche en petit, d'une manière lente, mais progressive. Nous pensons que c'est seulement en engageant les habitants qui possèdent déjà un noyau de culture en bon état, en plein rapport, à ajouter chaque année à leur propriété une petite parcelle de terrain à défricher, et en proscrivant impitoyablement l'écobuage, qu'on pourra arriver à livrer à la culture, d'une manière productive, une nouvelle partie des bruyères ardennaises.

Il y aurait de nombreux avantages à retirer du boisement des terrains, qui ne sont pas cultivables. La persistance des anciens préjugés luxembourgeois, sur le parcours du bétail dans la bruyère, ne permet guère d'espérer de voir les administrations communales entrer résolûment dans cette voie, surtout maintenant que les capitalistes étrangers ne font plus peser sur elles la crainte des grandes concessions forcées de bruyères.

Nous donnons ci-dessous le rapport de M. le Président de la société d'agriculture du Luxembourg, au sujet du crédit agricole (1864) :

„Monsieur le Président.

„Je regrette de ne pouvoir vous fournir, comme vous „voulez bien me le demander, des renseignements détaillés „sur la situation de l'agriculture dans notre province, en „1864, et de n'avoir qu'à vous confirmer le malaise dont „elle souffre.

„Ce malaise, permanent depuis nombre d'années, tient „à des causes assez complexes, dont la principale, cependant, „me paraît résider dans ce fait que nos cultivateurs négligent „trop la production de la viande.

„Ceux qui habitent la partie méridionale de la province „s'occupent essentiellement des céréales, dont les prix ne „sont plus suffisamment rémunérateurs, et ceux de l'Ardenne „élèvent du bétail qui ne trouve plus à se placer que dans „des circonstances exceptionnelles, parce qu'il ne présente „point les qualités qu'on recherche particulièrement aujour- „d'hui, l'aptitude à l'engraissement.

„La situation des uns et des autres ne peut, à mon „avis, s'améliorer que par la réduction notable de l'étendue „des terrains consacrés à la culture des céréales, afin d'ap- „pliquer une plus grande surface à la production des plantes „fourragères et à celle des plantes industrielles. Chacun sait, „à l'heure qu'il est, que, par suite du retour fréquent des „grains à la même place, le rendement diminue tous les ans, „alors que, pour des causes diverses, la main-d'œuvre coûte „tous les jours davantage.

„Il s'ensuit que le prix de revient diffère peu de celui

„de vente et que, par conséquent, le producteur ne réalise „pas de bénéfice.

„En effet, il est démontré, par des hommes compétents, „que les 100 kil. de blé reviennent, dans les conditions „actuelles, à 17 francs, tandis que, d'après les dernières côtes „des marchés, ils ne valent que 20 à 21 francs. Il s'agit „donc, de diminuer les frais de production et d'augmenter „le rendement, double résultat qui ne peut être obtenu qu'en „concentrant la culture sur une moindre étendue, mieux „préparée et surtout mieux fumée. Or, pour en arriver là, „il faut nécessairement augmenter la masse des fourrages „afin d'avoir plus de bétail et partant plus d'engrais.

„Les plantes fourragères, cela est connu, n'épuisent „pas le sol au même degré que les céréales, et s'il n'en est „pas de même des plantes industrielles et des racines, celles-ci „ont au moins pour effet, à cause des façons qu'elles exigent, „de purger la terre des mauvaises herbes qui vivent, on peut „le dire, aux dépens du cultivateur. Du reste, l'époque n'est „sans doute pas éloignée où la principale des racines, la „betterave, trouvera un débouché avantageux dans la pro- „vince même, soit pour la sucrerie, soit pour la distillerie, „et il paraît sage de se préparer à cette éventualité, dont „la réalisation aura une si grande influence sur la richesse „de Luxembourg.

„Ce que je viens de dire pour la région des céréales „peut également s'appliquer, dans une certaine mesure, à la „partie ardennaise où l'on continue à donner une trop grande „extension aux grains d'hiver et où le cultivateur oublie trop „que cette contrée est la terre privilégiée de toute espèce „de fourrage.

„Des deux côtés donc, au nord et au midi, il y a „avantage à s'occuper particulièrement du bétail et de la possi- „bilité de le faire avec profit.

„Seulement et c'est là une difficulté réelle, mais non „insurmontable, il faut abandonner les races actuelles, trop „lentes à prendre leur accroissement, et leur substituer des „races plus précoces qui ne coûtent pas davantage à nourrir „et qui peuvent être vendues beaucoup plus tôt; d'où il „résulte, cela est facile à concevoir, un profit plus souvent „renouvelé et moins de chances de pertes.

„D'un autre côté, ces races précoces, qui s'engraissent „plus facilement que les autres, permettront aussi aux culti-„vateurs de fournir directement à la boucherie. En présence „des besoins qui se manifestent dans les grands centres de „population, on peut hardiment leur dire qu'ils ne produiront „jamais trop de viande: toute la question est de la produire „avec profit.

„La transformation que les circonstances me semblent „exiger, ne peut pas, cela va de soi, s'opérer avec les moyens „dont les cultivateurs disposent aujourd'hui et qui sont „tout-à-fait insuffisants; il s'agit donc de leur procurer ceux „qui leur font défaut, ou plutôt le seul qui leur manque, „c'est-à dire le capital d'exploitation ou de roulement.

„On écrit et on répète tous les jours, dans les régions „officielles, que l'agriculture est la première des industries; „on ne lui marchande ni les éloges, ni les encouragements; „mais jusqu'ici on ne s'est presque pas préoccupé de ses „besoins les plus immédiats, qui sont les mêmes que ceux „du commerce et des autres industries.

„Je ne veux pas, tant la démonstration est facile, „m'attacher à faire ressortir tout ce qu'il y a d'anormal, „pour ne pas dire d'injuste, dans ce fait que le plus petit „commerçant, le plus mince industriel, dont l'avoir est sou-„vent problématique, peuvent, s'ils inspirent quelque confiance, „obtenir près d'un établissement fondé par l'État plus de „crédit qu'un cultivateur qui est, après tout, commerçant et

„industriel à la fois, et dont les produits, animaux et récoltes, „sont toujours d'une réalisation facile, sans chance de perte „sérieuse, même en temps de crise.

„J'aime mieux croire que la différence de traitement „entre les premiers et le dernier tient uniquement à l'imper-„fection actuelle de nos lois qui offrent aux capitalistes plus „de facilités de se faire payer par un commerçant ou un in-„dustriel que par un cultivateur.

„Quoi qu'il en soit, le moment est venu pour les chambres „de commerce, pour les associations agricoles, d'appeler sur „ce point l'attention bienveillante du gouvernement et de „lui demander de faire examiner activement une question „qui intéresse à un si haut degré la prospérité générale du „pays.

„Dans l'état actuel des choses, il n'est guère possible „de compter sur l'initiative privée et il faut bien que l'élan „soit donné par l'État.

„Cette question a d'ailleurs déjà été traitée à plusieurs „reprises, par des hommes spéciaux, particulièrement en „France, où elle a reçu une solution qui pourrait, semble-t-il, „s'adapter avec facilité à notre pays.

„En effet, le gouvernement, après avoir proclamé par „l'organe de son chef que, „l'agriculture doit participer „aux institutions de crédit," a fait passer une loi, en vertu „de laquelle le crédit agricole se trouve organisé sous le „patronage du crédit foncier et de la banque de France, „comme il pourrait l'être chez nous, sous le patronage de „la banque nationale.

„Il ne sera sans doute pas inutile de faire connaître „ici les bases de cette institution et les résultats financiers „qu'elle a produits pour les actionnaires. Je n'ai pour cela „qu'à puiser dans un remarquable compte rendu publié par

„M. Fremy, conseiller d'État, gouverneur du crédit foncier et „du crédit agricole.

„Après avoir défini le rôle du crédit foncier, que l'on „confond souvent avec le crédit agricole, le document que „j'analyse fait connaître que cette première institution a or„ganisé la seconde, parce que ses statuts ne lui permettant „que des prêts à longs termes et sur première hypothèque, „elle devait laisser en dehors de son action, non seulement les „agriculteurs qui ne sont pas propriétaires d'immeubles, mais „encore tous ceux qui ne possèdent pas une valeur immobilière „suffisante, et alors que les uns et les autres ont souvent „plus besoin du crédit personnel que du crédit hypothécaire.

„Ce qu'il ne pouvait faire directement, le crédit foncier „a cherché à le seconder de tout son concours. La solvabi„lité personnelle des agriculteurs, insuffisante pour garantir „des prêts à terme indéfini, lui a paru pouvoir servir de „base à des opérations ordinaires de crédit, et c'est pour „ce motif que dès l'année 1859, il autorisait son conseil „d'administration „à passer avec une société de crédit agri„cole, ayant un capital social distinct, tout traité ayant pour „but de rattacher tout ou partie des services de cette société „à l'administration du crédit foncier de France."

„La fondation de cette société ne s'est pas fait „attendre et elle a obtenu immédiatement la loi dont j'ai „parlé plus haut, loi qui lui donne pour un délai déterminé, „une garantie éventuelle d'intérêt, „appui moral bien plutôt" „qu'appui financier, „dit le compte rendu, garantie dont elle „n'a pas eu, même la première année, à revendiquer l'exé„cution, qui consiste dans l'engagement pris par l'État de „payer, pendant cinq ans, jusqu'à concurrence de 400,000 „francs, la différence qui pourrait exister entre les bénéfices „de la société et la somme nécessaire pour couvrir: 1° les

„frais d'administration, et 2° les intérêts au taux de 4 % „du capital social versé.

„L'objet de la société se résume dans l'article 2 de „ses statuts, qui est ainsi conçu:

„La société a pour but de procurer des capitaux ou „des crédits à l'agriculture et aux industries qui s'y rat-„tachent, en faisant ou facilitant, par des garanties, l'escompte „ou la négociation d'effets exigibles au plus tard à 90 „jours.

„D'ouvrir des crédits ou de prêter à plus longue „échéance, mais sans dépasser trois années, sur nantissement „ou autre garantie spéciale;

„De recevoir des dépôts, avec ou sans intérêt, sans „pouvoir excéder deux fois le capital réalisé ou représenté „par des titres déposés dans la caisse de la société;

„D'ouvrir des comptes-courants;

„D'opérer des recouvrements;

„Et de faire, avec l'autorisation du Gouvernement, „toutes autres opérations ayant pour but de favoriser le „défrichement ou l'amélioration du sol, l'accroissement et la „conservation de ses produits et le développement de l'in-„dustrie agricole.

„Elle peut, pour les besoins de ses opérations, créer „et négocier des titres dont l'époque d'exigibilité ne pourra „dépasser cinq ans, mais seulement en représentation et „dans la limite des crédits ou prêts opérés.

„On voit, par ce qui précède, que le champ des opéra-„tions de la société est assez vaste, puisque ses statuts lui „confient très-expressément la mission de procurer des crédits „à l'agriculture et aux industries qui s'y rattachent.

„Le compte-rendu reconnaît combien sont injustes les „préjugés qui font peser sur les cultivateurs des accusations „générales d'impuissance à remplir les engagements contractés.

„Il constate, au contraire, que dans beaucoup de localités „le cultivateur, le propriétaire, le fermier, présente toutes „les garanties qu'on réclame chez un débiteur. Celui-ci vit „au grand jour, et tous sont admis à contrôler sa situation, „à apprécier son activité ou son indolence, sa bonne ou sa „mauvaise conduite. Son actif est extrêmement apparent, et, „s'il a des dettes, s'il n'est pas au courant de ses fermages, „la notoriété publique le signale bientôt.

„Pour procurer aux cultivateurs la négociation de leur „signature, on a mis l'établissement de crédit à leur portée, „en créant des sous-comptoirs et en établissant des corres„pondants non pas seulement aux chefs-lieux des départements „ou d'arrondissement, mais aussi aux chefs-lieux de canton, „et mêmes dans les villages importants où se tiennent des „foires et marchés. Ces correspondants, qui connaissent „le cultivateur, qui vivent à côté de lui, qui suivent ses „entreprises et qui peuvent juger par expérience des garanties „que donnent son caractère et son habileté, ces correspon„dants, dis-je, dirigent la société dans ses appréciations de „crédit personnel.

„Elle met à la disposition de l'agriculture et des in„dustries qui s'y rattachent deux sortes de crédit:

„1° Le crédit à court terme, se réalisant par l'escompte „de valeurs négociables à l'échéance de 90 jours au plus „tard;

„2° Le crédit à plus long terme, pouvant atteindre „sans la dépasser, la limite de trois ans, mais ne se réalisant „qu'avec une garantie spéciale, une hypothèque ou un nan„tissement donné, soit directement par l'emprunteur, soit par „l'un des correspondants. L'échéance de 90 jours, terme or„dinaire des opérations commerciales, peut convenir à l'agri„culture en quelque sorte industrielle, à celle qui, recueillant

„et réalisant à bref délai ses produits, est en mesure de se „libérer promptement.

„L'engraisseur, le fermier qui ajourne, à raison des „bas cours, la vente de ses laines, de ses grains, souscrit „des billets à courte échéance, et ne demande que par „exception un renouvellement.

„Il n'en est pas ainsi du cultivateur qui emprunte pour „acheter des fumiers ou un cheptel, faire du drainage ou „autres opérations analogues; souvent un prêt de trois mois, „même avec la perspective d'un renouvellement, ne suffit „pas à ses besoins.

„Il a recours au crédit de trois ans; il donne en ga- „rantie ses héritages, ses créances ou le cautionnement d'un „propriétaire fournissant pour lui les garanties exigées.

„Ainsi, escompte des effets à deux signatures au moins, „ne dépassant pas 90 jours; ouverture de crédits avec un „maximum de durée de trois ans: telles sont les opérations, „principales de la société.

„Elle négocie aussi les warrants; mais cette opération, „qui a le double avantage de laisser à l'emprunteur la dis- „position de ses marchandises et de donner au prêteur une „sécurité presqu'absolue, est assez rare, à défaut de magasins „pour renfermer l'objet du gage.

„Voici les ressources dont la société dispose:

„1° Son capital social, fixé à 20 millions;

„2° Les dépôts en compte-courant;

„3° Les bons agricoles;

„4° Le réescompte.

„Ce réescompte se fait par la banque de France.

„Enfin, il résulte du compte rendu que la société, pour „prévenir jusqu'à l'immobilisation même temporaire, des „capitaux dont elle est propriétaire ou qui lui sont confiés „pour plusieurs années, impose à ses crédités l'obligation

„de souscrire des effets à 90 jours, renouvelables jusqu'à „l'expiration du crédit.

„Au moyen des combinaisons qu'elle a arrêtées, elle „maintient un parfait équilibre entre ses créances et ses „dettes et elle peut toujours convertir ses titres en argent, „ce qui doit, semble-t-il, donner une complète sécurité aux „actionnaires et inspirer une confiance égale à ses déposants.

„Le document dont j'extrais tous ces détails se rapporte „au premier exercice de l'association, qui a commencé le „1er avril et fini le 31 décembre 1861. Il accuse, pour cette „période de neuf mois, un dividende de 9. 13 % par an sur „le capital versé. J'ai parlé tout à l'heure des sous-comptoirs „fondés par le crédit agricole; pour en faire apprécier l'im-„portance, je vous demande la permission de produire ici „des extraits d'un rapport concernant celui du département „de Seine et Marne, rapport qui se trouve dans le journal „d'agriculture pratique de France, livraison du 5 mars „courant.

„L'établissement central ne peut songer à opérer direc-„tement dans toute la France. Il lui faut des intermédiaires „à même d'apprécier la solvabilité des emprunteurs, car il „n'est pas possible, si l'on veut marcher sérieusement, de „venir en aide aux insolvables. Le capital ne saurait être „prêté à qui ne peut le rembourser et le crédit n'a pas „plus la puissance de créer une solvabilité qu'un capital „artificiel.

„De plus, hâtons-nous de le dire pour prémunir contre „des illusions fâcheuses, le crédit est un instrument qui doit „être manié avec habileté et prudence; il devient dangereux, „quand on ne sait pas s'en servir.

„Levier puissant pour toutes les dépenses productives, „il est une cause de gêne et même de ruine dans des mains

„imprudentes, surtout s'il sert à faciliter des dépenses im-„productives ou de luxe.

„Le taux de l'intérêt demandé par le sous-comptoir „étant celui de la banque de France, la commission à pré-„lever ne pouvant dépasser le chiffre fixé par les statuts, les „emprunteurs savent à quoi s'en tenir.

„Ils ne sont pas exposés aux refus des uns et des autres, „non plus qu'aux exigences de l'usure, à qui ils doivent parler „chapeau bas. Ils ne sont pas obligés de vendre désavan-„tageusement pour remplir leurs engagements.

„Ils peuvent améliorer et faire fructifier leurs exploi-„tations, car s'ils savent s'y prendre, ils sont assurés que „l'argent emprunté doit leur rendre au double les intérêts qu'ils „auront payés. Les achats de bétail maigre pour l'engraisse-„ment, des engrais lors des ensemencements, des instruments „perfectionnés et des animaux de travail au moment où on „en a besoin, sont singulièrement facilités.

„Nul ne contestera que la prime payée par le cultiva-„teur pour acheter à crédit, est bien autrement importante „que l'intérêt payé pour se procurer de l'argent à un taux „raisonnable. En un mot, le crédit mis à la portée de „l'agriculture intelligente et progressive, tend à élever le „niveau des profits.

„De la culture la plus aisée, les bienfaits s'étendront „peu à peu à la culture moins aisée. Nous disons peu à peu, „parceque, contrairement aux fièvreuses impatiences de nos „jours, nous croyons que les améliorations de position, pour „être honorables et durables, sont filles du temps. C'est sous „l'empire de ces idées que le comptoir agricole de Seine et „Marne a été fondé et les premiers résultats obtenus sont „une preuve que cette création avait sa pleine raison d'être.

„Fixé en premier lieu à 1500 actions, de 500 francs „chacune, le capital social, lors de la première assemblée des

„actionnaires, a été augmenté de 500 autres actions, afin „de porter ce même capital à un million, sur lequel il a „été seulement nécessaire de verser les deux cinquièmes, qui „ont été déposés à titre de garantie dans les caisses du crédit „agricole à Paris, lequel en paie les intérêts.

„Il est fortement stipulé par les statuts qu'il ne sera „fait de prêts qu'à l'industrie agricole et pour les besoins „agricoles. Indépendamment des prêts, le comptoir reçoit des „dépôts d'argent en compte-courant et perçoit les fermages „pour les propriétaires.

„Les prêts donnent lieu aux opérations suivantes:

„Les fonds demandés sont remis à l'emprunteur sur „billet de 90 jours, renouvelable à l'échéance, s'il y a lieu.

„Suivant le plus ou moins de solvabilité, il doit fournir „une ou plusieurs signatures; il peut aussi donner une ga„rantie hypothécaire, qui n'entraîne pas de frais. Le billet „est passé par le gérant au crédit agricole de Paris, qui le „passe lui-même à la banque de France, laquelle fournit les „fonds et est remboursée à Paris par le gérant à mesure „des échéances.

„Il va sans dire que les échéances sont combinées de „manière à tomber à certains jours donnés et à éviter des „déplacements continuels."

„L'emprunteur doit payer l'intérêt au taux de la banque, „au moment de la souscription ou du renouvellement, plus „1% pour le comptoir et ½ % pour le crédit agricole de „Paris. C'est de l'argent à 3% au moins en dessous de ce „que la culture a toujours payé.

„Pendant le premier trimestre d'opérations l'ensemble „des affaires a dépassé cinq millions.

„Pas une seule des valeurs souscrites pendant le trimestre „n'est restée en souffrance.

„Après avoir attribué à la réserve la somme fixée par

„les statuts et opéré tout les prélèvement voulus, le dividende „s'est trouvé représenter 11 frs. 58%, intérêts compris, „du capital versé.“

Le Président du conseil administratif
(s.) Henroz.

Pour ce qui concerne les produits du sol il y a certainement de sérieuses réformes à opérer pour rendre la culture vraiment rémunératrice.

Dans les conditions présentes, les cultivateurs réalisent peu ou point de bénéfices, par la raison que la valeur de leurs produits dépasse à peine, ou même souvent ne représente pas les dépenses faites pour les obtenir.

Cet état de choses ne peut évidemment s'améliorer qu'en diminuant les prix de revient. Or, comment y parvenir, sinon en cherchant à retirer des terres, tout ce qu'elles sont susceptibles de produire, ou, en d'autres termes, en ayant des récoltes maxima. Là est tout le problème pour le cultivateur luxembourgeois, comme, du reste, pour les cultivateurs de n'importe quelle contrée.

La société agricole du Luxembourg s'attache incessamment à répandre cet enseignement par toutes les voies de la publicité dont elle dispose. C'est dans ce but qu'elle recommande de donner aux terres les façons les plus soignées, de faire choix des meilleures graines, de distribuer les récoltes suivant l'ordre le plus méthodique, d'accorder aux fourrages (herbes et racines) la plus large place possible dans les assolements etc., etc. Mais cela ne suffit point. Aujourd'hui, il paraît bien démontré que l'on peut accélérer les effets de ces améliorations, arriver plus promptement aux récoltes maxima en s'aidant des engrais chimiques, en combinant les engrais du commerce avec ceux de la ferme. De savants professeurs vont même jusqu'à prétendre qu'il est possible de cultiver avec les engrais chimiques seuls, et que le cultivateur peut acheter directement à l'usine, les matières fertilisantes nécessaires pour produire n'importe quelle récolte, sans être obligé de fabriquer lui-même les matières à l'aide du bétail, sans devoir engager dans le cheptel une forte part de son capital. On comprend que si l'expérience sanctionnait entièrement ces idées, l'agriculture serait tout-à-fait transformée et qu'elle prendrait véritablement un caractère industriel.

„La source du profit en agriculture", dit M. Georges Ville, „dépend surtout de l'abondance des fumures, et, malheureusement, lorsqu'on produit soi-même ses fumiers, on „n'est pas maître de fumer comme on veut.

„La quantité de fumier dont on dispose dans une „exploitation rurale résulte de son organisation, du nombre „des animaux qu'on y élève ou qu'on y entretient, par conséquent de la surface affectée à la prairie, et finalement „au capital roulant qu'on possède.

„Pour changer l'assiette d'une culture, il faut beaucoup „de terres, de discernement et de prudence, car tout se tient „dans un domaine où l'on fait marcher de front la production des céréales et du fumier.

„Avec l'engrais chimique, au contraire, la culture „acquiert une liberté d'action à peu près absolue; on règle „à volonté la dose des engrais. L'initiative n'a de limite que „dans le capital dont on dispose.

„Au moyen des engrais chimiques, on peut, en quelque „sorte, de la veille au lendemain, faire passer une culture „précaire au régime le plus intensif et, par conséquent, „obtenir au lieu d'un profit médiocre un bénéfice élevé.

„C'est là le nœud de toute la question agricole de „l'avenir. En agriculture, le profit tient surtout à la dose „d'engrais qu'on donne à la terre. Avec peu d'engrais, la „récolte est faible et le profit nul, si tant est que l'opération

„ne se solde pas en perte. Avec des fumures abondantes, „les rendements sont élevés et le profit sûr, car l'excédant „de la dépense n'est que la moitié ou le tiers du prix de „l'excédant de récolte.

„L'agriculture qui fume peu est toujours en perte, „tandis que celle qui fume beaucoup est toujours en bénéfice. „Comment en serait-il autrement? L'engrais est la matière „première de la récolte.

„Mais ce sont là des questions trop graves pour s'en „tenir à de simples énoncés. Analysons les faits, décomposons „les comptes du produit et de la dépense pour fixer défini- „tivement nos idées sur ce point.

„Afin de donner plus de généralité à nos conclusions, „prenons pour point de départ le rendement de 14 hecto- „litres de blé, qui est le rendement moyen en France.

„D'après M. Mathieu de Dombasle, le minimum de la „dépense pour un tel rendement est de 294 frs. par hectare, „que le prix de la paille réduit à 244 frs.; ainsi qu'il résulte „de ce décompte :

Frais fixes.	Loyer	45 00	186 00
	Frais généraux . . .	52 00	
	Travaux de culture .	43 00	
	Semences	46 00	
Frais variables	Fumure	74 00	108 00
	Récolte, battage etc. .	34 00	
		Dépense totale frs.	294 00
	dont il faut déduire pour la paille . . .	„	50 00
		Reste frs.	244 00

„pour 14 hectolitres, ce qui fait ressortir le prix de l'hec- „tolitre à frs. 17.42.

„Supposez que sans rien changer au régime de la „ferme, on eût brusquement augmenté par un apport d'engrais

„chimique, la dépense de fumure de 100 frs. par hectare, „ce qui l'aurait portée de 74 à 174 frs., tous les autres „frais restant les mêmes, qu'elle eût été la conséquence? Le „rendement aurait passé de 14 hectolitres à 31, au minimum, „et de frs. 17.42 le prix de revient de l'hectolitre du blé „serait descendu à frs. 10.50. Reprenons en effet nos „chiffres :

Frais fixes. Comme précédemment . . .			frs. 186 00
Frais variables	dont fumure . . .	174 00	234 00
	Récolte et battage .	60 00	
		Dépense totale	frs. 420 00
dont il faut déduire pour la paille . . .			„ 95 00
		Reste	frs. 325 00

„pour 31 hectolitres, ce qui fait bien ressortir le prix coûtant „de l'hectolitre à frs. 10.50 au lieu de frs. 17.42, prix „auquel il revenait, lorsqu'on n'employait que du fumier, et „que la dépense de ce chef au lieu de 174 frs., n'était „que de frs. 74.

„La supériorité de la culture intensive tient à cette „circonstance que le surcroît des frais résultant d'une fumure „plus forte est toujours inférieur à la valeur de l'excédant „de la récolte.

„Dans le premier cas, en effet, le rendement était de „14 hectolitres et le prix de revient de 17 frs.; si on „fixe le prix de vente à 20 frs., la réussite présente une „valeur de frs. 280.

„Et le bénéfice par hectare est de 36 frs.

„Dans le second cas et moyennant un surcroît de dé- „penses de 100 frs. que l'excédant de paille réduit à 83 frs., „la récolte vaut frs. 620 et le bénéfice monte à frs. 295 „au lieu de 36 frs.“

Nous nous bornons à ce court extrait. Sans aller jusqu'à recommander de faire désormais de ces engrais la base exclusive des fumures — ce qui serait, nous semble-t-il, dépasser actuellement les enseignements de l'expérience, — on ne peut méconnaître qu'il y a là, pour nos cultivateurs, des moyens d'accroître les produits de leurs terres et d'obtenir cette réduction des prix de revient, sans laquelle ils se trouvent dans l'impossibilité de produire avec de réels bénéfices.

DEUXIÈME PARTIE.

Amélioration des cours de la Semois et de l'Ourthe. — Influence qu'exercerait le chemin de fer d'Athus-Givet sur l'industrie agricole de la province de Luxembourg. — Considérations militaires.

AMÉLIORATION DES COURS DE LA SEMOIS ET DE L'OURTHE.

On pourrait, sans de bien grandes dépenses, améliorer le cours de la Semois et ouvrir ainsi un riche avenir à cette contrée, où d'autres exploitations ne tarderaient pas à être entreprises.

Le curage et l'amélioration des cours de l'Ourthe et de la Semois sont d'une nécessité urgente. Nous espérons que M. le Ministre des travaux publics, qui porte chaque année à son budget, en charges ordinaires ou temporaires 155,500 frs. [1]) pour le bassin de la Meuse, 236,800 frs. pour celui de l'Escaut, 12,100 frs. pour celui de l'Yser et enfin 220,850 frs. pour les ports et côtes, voudra bien aussi s'occuper du régime des eaux dans le Luxembourg.

[1]) Rapport sur la situation du commerce et de l'industrie de la province de Luxembourg (année 1864).

Il n'existe pas dans le Luxembourg de cours d'eau auquel on puisse, à proprement parler, donner le nom de voie navigable.

L'état dans lequel se trouvent l'Ourthe et la Semois n'y permet la navigation qu'en hiver, au moment des crues et avec des bateaux du plus faible tonnage.

Nous trouvons dans une description du département des forêts, faite sous la date du 2 prairial an VII (21 mai 1799) par un membre de la commission d'agriculture, les lignes suivantes concernant la Semois :

„La Semois a sa source au-dessous d'Arlon dans ce „département, et va se perdre dans la Meuse au-dessous de „Charleville, en passant par Etalle et près de Florenville. „Cette rivière peut devenir flottable et hallable à Arlon et „être rendue très-utile pour le flottage des bois dont ses „rives sont couvertes jusqu'à son embouchure dans la Meuse. „Au moyen de la Semois qui tombe dans la Meuse et de „la petite rivière de l'Eisch qui tombe dans l'Alzette à „Mersch, lesquelles ont leurs sources très-rapprochées, on „pourrait ouvrir dans ces contrées une communication entre „la Meuse et la Moselle."

Un document plus ancien encore, dont l'écriture paraît remonter au commencement du XVIIIe siècle, s'occupe aussi de cet objet, c'est le résumé d'un mémoire sur la situation du pays à cette époque et sur les moyens de développer son commerce et son industrie.

Dans le système de l'auteur de ce mémoire, il s'agissait de construire un canal de Luxembourg jusqu'à Wasserbillig par la Moselle, un second, de Luxembourg jusqu'à Liège par la Meuse, un troisième de Luxembourg au comté de Namur par cette rivière, un quatrième, toujours par la Meuse, de Luxembourg jusqu'à Château Renaud, et plusieurs petits trajets ou canaux internes.

Depuis lors et à diverses époques, plusieurs de ces projets ont été repris avec des changements et des modifications; mais si, pendant longtemps, on a pu se bercer de l'illusion d'en voir exécuter l'un ou l'autre, il n'en est plus question maintenant et le régime des eaux dans le Luxembourg semble être abandonné pour toujours à l'état de nature, comme l'a été pendant si longtemps celui de nos voies de terre.

D'autres, mieux que nous ne pourrions le faire, la Députation permanente, le Conseil provincial, ont souvent protesté contre cet état de choses et toujours à peu près sans succès.

Le Gouvernement est intervenu partout, il a construit un magnifique réseau de chemin de fer, il a racheté les canaux existants et il en a établi de nouveaux, il a fait faire des travaux extraordinaires aux polders, il a construit des ponts et amélioré la navigation de toutes les rivières, il a participé largement aux travaux d'embellissement des grandes villes, mais pas dans notre province.

Ce n'est pas que nous ayons la moindre envie de récriminer contre ces dépenses utiles; au contraire, nous applaudirons toujours à tout ce qui sera fait ailleurs dans l'intérêt général. Mais maintenant que les autres sont si bien et si largement dotés, ne pourrait-on pas s'occuper un peu plus du Luxembourg qui, nous pouvons le dire, est loin d'avoir eu sa part des faveurs de l'Etat, qui, faute de moyens de communication, a fait tache jusqu'à présent dans la prospérité générale et qui, cependant, n'est pas moins digne d'intérêt que nos autres provinces.

Nous ne demandons pas beaucoup. Une étude seulement, mais une étude sérieuse; que le Gouvernement fasse examiner les cours de la Semois et de l'Ourthe, et si ces rivières ne sont pas reconnues susceptibles d'amélioration, nous ne penserons plus à ces moyens économiques de transport.

Si nous avons émis le vœu de voir étudier l'état de nos rivières, c'est bien plutôt au point de vue agricole; nous croyons que, sous ce rapport, il y a quelque chose à faire pour l'amélioration des prairies existantes et la création de prairies nouvelles. Pour ne parler que de la Semois et de ses nombreux méandres, nous citerons cet endroit où, après un circuit d'une lieue, elle revient à cent mètres de distance de son point de départ.

Evidemment, il serait avantageux de rectifier le cours d'une rivière aussi capricieuse et nous connaissons une commune qui, par quelques travaux exécutés sur un point de son territoire, a créé plusieurs hectares d'excellentes prairies, que l'État est venu revendiquer après.

CHEMIN DE FER D'ATHUS-GIVET. [1])

Les voies de communication sont non seulement une cause de richesse, mais un signe de l'avancement de la civilisation. Les peuples primitifs n'en ont pas; les peuples pasteurs ou nomades en ont peu; les peuples dégénérés ou barbares n'en ont nul souci. Un étranger qui ne connaîtrait notre province que par l'examen d'une carte du pays, s'il ne pouvait plus nous classer dans la première de ces trois catégories, pourrait nous ranger indifféremment dans l'une ou l'autre des deux dernières. Car, dans toute la Belgique, il n'y a plus que le Luxembourg, où l'insuffisance des moyens de transport et leur taux exorbitant placent l'agriculture, le commerce et l'industrie dans des conditions impossibles, pour soutenir une concurrence réelle avec les contrées qui nous entourent.

[1]) Rapport sur la situation du commerce et de l'industrie de la province de Luxembourg.

Le projet qui nous occupe peut mettre fin à cet état de choses et cela, dans un délai très-rapproché.

Il ne nous sera pas difficile de démontrer: 1° que la construction de cette ligne est appelée à donner satisfaction à des besoins nouveaux, à de nombreux intérêts actuellement sacrifiés; 2° qu'elle doit créer à notre province des débouchés que ses produits ne peuvent atteindre actuellement; 3° qu'elle est rationnelle au point de vue des dépenses de sa construction et de l'exploitation; 4° qu'elle est commandée par l'intérêt agricole, commercial et industriel du pays; 5° qu'elle amènera infailliblement une réduction notable des prix de transport; 6° qu'elle a pour la province une utilité aussi évidente que la ligne existante; 7° que la perte momentanée de trafic qu'elle pourra occasionner au Grand-Luxembourg ne doit pas être de nature à en retarder un seul instant la concession et que cette dernière entreprise n'a pas plus de droit au monopole qu'elle voudrait s'assurer, que n'importe quelle autre société du pays, à l'égard desquelles le Gouvernement a si avantageusement pratiqué le système de la concurrence.

On ne saurait trop le répéter: c'est surtout au Luxembourg qu'il faut se hâter de procurer les moyens de transporter économiquement les produits, que la nature a répandus sur tous les points de son territoire. Il est plus que temps d'appeler cette contrée, si longtemps privée de toute voie rapide de communication, à jouir dans toute son étendue de ce bienfait qui, dans notre civilisation, est devenu une condition essentielle de prospérité, nous dirions presque d'existence pour un pays. C'est la seule mesure qui permette d'élever notre province au niveau qu'ont atteint les autres parties de la Belgique et d'y provoquer l'accroissement des impôts qu'amènent partout ailleurs le progrès de la production et ceux de la consommation qui en résulte.

La facilité des communications, a dit l'économiste Say, équivaut souvent à la valeur tout entière d'un produit, lorsque cette facilité est appliquée à ceux auxquels il faudrait entièrement renoncer sans cet avantage. Qu'on suppose, dit-il, des moyens de transporter de la montagne jusque dans la plaine de très-beaux arbres qui se perdent dans certains endroits escarpés des Alpes ou des Pyrénées, la valeur de ces bois se trouvera créée tout entière; car maintenant ils pourrissent au lieu où ils tombent.

Avant Say, le publiciste Verri affirmait que le commerce n'est réellement que le transport des marchandises d'un lieu à un autre.

Rien n'est plus vrai, en économie politique, que cette réflexion de ces penseurs; aussi, reproduite sous toutes les formes, est-elle devenue le puissant levier à l'aide duquel le génie moderne extraira et utilisera les trésors que la nature a enfouis dans la terre ou mêlés à sa substance, pour exciter ses habitants à la persévérance du travail.

A tous les points de vue donc, les chemins de fer constituent l'une des sources les plus importantes et les plus précieuses de la fortune publique et, à ce titre, ils excitent l'intérêt et les sympathies générales. Mais, pour qu'ils justifient la prétention d'être un service public, il faut qu'ils offrent à chacun sans exception tous leurs avantages.

Aussi, toutes les localités, petites ou grandes, veulent-elles avoir leur part dans le mouvement économique qui se manifeste de toutes parts, et elles ont réclamé et obtenu, ailleurs que dans notre province, le bienfait des voies ferrées.

Il n'est pas permis à notre gouvernement de méconnaître ou d'oublier, vis-à-vis de nous, la cause de ce grand mouvement, qui est l'invincible nécessité; il est de son devoir de nous mettre en état d'utiliser les éléments multiples de notre sol, d'employer toutes les aptitudes, toutes les forces productives qui sont dans l'intelligence et dans les aspirations des Luxembourgeois, de satisfaire les besoins de plus en plus nombreux des consommateurs, à quelque distance qu'ils réclament cette satisfaction.

Le Luxembourg est entouré de populations nombreuses, de contrées d'une richesse infinie, où les progrès de la locomotion provoquent de toutes parts un gigantesque mouvement commercial et industriel, auquel il ne peut rester étranger, si l'on ne veut, dans un temps rapproché, voir son avenir à jamais compromis, ses habitants condamnés à végéter sur son territoire de plus en plus appauvri, au milieu de voisins dont la situation finirait par provoquer des comparaisons peu favorables au maintien de l'esprit national.

Le chemin de fer d'Athus à Givet, [1]) qui traverserait les arrondissements d'Arlon, de Virton et de Neufchâteau, dans toute leur étendue, donnerait une légitime satisfaction aux besoins de notre agriculture et de notre industrie; il permettrait au Luxembourg d'étendre ses relations, de les multiplier dans les mêmes proportions que la production; il rendrait la circulation de ses produits plus facile, plus prompte et plus économique; il leur donnerait aussi une incalculable plus value.

Il serait oiseux, pensons-nous, d'énumérer ici toutes les industries, toutes les matières premières, tous les produits auxquels, dans notre ressort seulement, la ligne d'Athus vers Charleroi doit procurer des débouchés immenses; qu'il nous suffise de dire que le mouvement dans les stations du Grand-Luxembourg situées dans la province, qui était en 1868 de 105,000 tonnes environ, a été, en 1869, de 816,324 tonnes.

Nous ne croyons pas qu'il existe encore le moindre

[1]) Nous rappelons ici la remarque déjà faite antérieurement que nous avons appris de bonne source que la construction de chemin de fer est sérieusement à l'étude et paraît d'une exécution prochaine.

doute sur l'utilité, sur la nécessité impérieuse de concéder une ligne de chemin de fer destinée à relier directement les minières du Grand-Duché et du sud de notre province aux bassins houillers de Charleroi. La place que les chemins de fer, en tant qu'instruments du travail, sont appelés à prendre dans l'industrie humaine, devient chaque jour plus prépondérante.

Sans cet outillage indispensable de l'activité moderne, toute production importante est impossible et les richesses naturelles les plus abondantes perdent la plus grande partie de leur valeur.

Ce sont les chemins de fer qui sont aujourd'hui l'un des plus puissants auxiliaires pour la formation du capital; procurer des relations promptes c'est économiser du temps, les procurer à bon marché c'est économiser de l'argent, c'est dans les deux cas créer un nouveau capital social. Ce sont les chemins de fer qui donnent au capital sa productivité et la faculté de s'accroître indéfiniment, ce sont eux qui ouvrent à l'homme la voie sur laquelle les nations arrivent chaque jour à un plus haut degré de bien-être et de prospérité. En un mot, les moyens économiques de communication et de transport sont si étroitement liés aux progrès matériels et moraux des peuples qu'ils forment l'une des bases principales des sociétés humaines.

S'il est une contrée qui justifie entièrement ces prémices, c'est bien le Luxembourg. Malgré l'abondance inépuisable de matières premières de toute espèce; malgré la sobriété, l'énergie et l'intelligence de ses habitants; malgré sa situation au milieu de centres importants de consommation, il est peu de contrés, nous ne dirons pas en Belgique, mais dans l'Europe entière, aussi peu avancées que la nôtre au point de vue du progrès matériel. Population, richesse publique et, par conséquent, produit des impôts, ne s'y développent qu'avec une lenteur que les autres provinces ont depuis longtemps oubliée, grâce au merveilleux réseau des rivières, de canaux et de chemins de fer dont la nature et l'État les ont dotées.

S'il est un point de l'Europe auquel, proportion gardée de l'étendue, on puisse comparer notre ressort, c'est la Hongrie.

Que ne comprend-on, dans les régions du pouvoir en Belgique, la nécessité de doter notre province de voies de communications qui lui sont indispensables, comme elle a été comprise depuis deux ou trois ans, dans cette partie reculée de l'Europe.

CONSIDÉRATIONS MILITAIRES.

Jusqu'à ce jour le rôle que les Ardennes et la plus grande partie du Luxembourg ont joué (à l'exception toutefois de l'ancienne forteresse de Luxembourg) dans les opérations de guerre a été nul, bien que la situation géographique de ce pays soit des plus importantes : il forme le trait d'union entre les États de l'est et de l'ouest de l'Europe, c'est-à-dire la ligne qui avec le Belgique, le Rhin, sépare la France de l'Allemagne.

Jusqu'à présent, les armées envahissantes ont tourné les Ardennes et ont cherché un passage au nord, par Mæstricht et ses environs, ou au sud par la Moselle. Cet abandon complet de l'Ardenne ne doit être attribué qu'à la grande difficulté de communication que présentait jadis cette contrée et au peu de ressources qu'elle offre aux troupes sous le rapport du cantonnement et de l'alimentation.

Aujourd'hui il en est autrement; l'Ardenne possède un réseau de routes magnifiques qui la mettent en communication facile avec les pays qui l'environnent; elle a plusieurs voies ferrées et le télégraphe la met en rapport avec tous les centres importants. Le passage d'armées par les Ardennes ne présenterait plus de difficultés aujourd'hui; elles auraient pourtant à songer aux moyens de transport car le pays n'est pas riche en véhicules.

Le chemin de fer d'Athus-Givet étant construit suivant le projet, Virton-Florenville se trouverait être un chemin de fer éminemment stratégique et procurerait des facilités considérables pour assurer notre neutralité nationale, en nous permettant de surveiller celles de nos frontières qui pourraient, dans bien des cas, être les plus menacées.

En effet, par ce chemin de fer, une division militaire quelconque, pouvant être transportée rapidement, tantôt sur un point de la frontière, tantôt sur un autre, cette division deviendrait en quelque sorte l'équivalent d'un nombreux corps d'armée, échelonné le long de la France, depuis Athus jusqu'à Givet.

Les chemins de fer qui longent la contrée faciliteront beaucoup l'approvisionnement en déposant, à des stations déterminées à l'avance, les magasins volants de campagne; à des moments donnés ils pourraient être considérés comme de vraies bases d'alimentation; ainsi une invasion de l'ouest vers l'est pourra pour ses diverses colonnes de marche établir ses magasins dans des stations de la ligne du Grand-Luxembourg (Namur-Luxembourg) et de la ligne de l'Ourthe, lignes qui communiquent par plusieurs embranchements avec les grands réseaux de Belgique et de France.

De presque toutes les stations de cette base passagère partent d'excellentes routes qui traversent l'Ardenne et conduisent vers la Prusse en coupant la ligne de l'Est-Français que l'on peut prendre à vrai dire comme la ligne frontière.

La plus grande distance entre la ligne de l'Ourthe et du Grand-Luxembourg et cette frontière ne dépassant pas 15 lieues ou deux journées de marche, les colonnes mobiles pourront recevoir des magasins établis en arrière d'elles leur approvisionnement dans un laps de temps très peu considérable.

Le cas est absolument le même pour une invasion de l'est vers l'ouest; la ligne de l'Est-Français (Luxembourg-Pepinster) y jouerait tout-à-fait le même rôle que les lignes de l'Ourthe et du Grand-Luxembourg, car cette ligne est reliée par ses deux extrémités au réseau allemand, et de ses diverses stations partent des routes qui traversent les Ardennes.

La grande question sera avant tout l'occupation et la possession assurée des lignes ferrées.

Les deux grandes voies ferrées à peu près parallèles sont d'une extrême importance, car elles relient deux points de passage choisis constamment et appuyés par des places fortes savoir:

Au nord, la passe d'Aix-la-chapelle appuyée par Mæstricht et au sud celle de la Moselle flanquée par les places fortes de Trèves, de Sarrebruck, Sarrelouis etc.

L'armée maîtresse de ces deux lignes peut en quelques heures se porter ou bien porter de grandes forces, soit au nord, soit au sud, et exposer l'ennemi aux plus redoutables surprises.

Elle pourra en outre parer à toutes les destructions momentanées que l'ennemi ferait aux chemins de fer en se servant des routes ordinaires qui relient ces mêmes voies ferrées à travers le bourrelet ardennais.

Ajoutons encore que l'armée serait assurée du concours de la population luxembourgeoise dans cette circonstance critique.

Il est certain qu'à la moindre apparence de conflit

entre l'est et l'ouest, ces deux lignes seront ou occupées violemment par l'un ou l'autre adversaire, ou enlevées successivement.

Le Luxembourg sortira forcément de l'oubli complet dans lequel l'ont laissé jusqu'aujourd'hui les armées belligérantes.

L'histoire militaire des Ardennes se résume dans les luttes qu'ont soutenues les Princes-Évêques de Liège, les Ducs de Luxembourg, de Namur, de Cologne etc.; antérieurement à cette histoire. Il y a celle du moyen âge décrite dans plusieurs ouvrages.

TROISIÈME PARTIE.

Situation politique du Grand-Duché de Luxembourg. — Le Grand-Duché de Luxembourg au point de vue de son organisation politique. — L'histoire du Luxembourg. — La ville de Luxembourg (ancienne description). — Excursion dans le Grand-Duché de Luxembourg. — Le Grand Duché de Luxembourg au point de vue géographique. — Ses productions. — Quelques mots sur la population et l'administration du Grand-Duché. — Son agriculture. — Loi concernant l'organisation militaire. — Organisation du bataillon des chasseurs luxembourgeois. — Force armée. — La délégation du Grand-Duché de Luxembourg à la fête du Roi de Hollande etc.

SITUATION POLITIQUE DU GRAND-DUCHÉ DE LUXEMBOURG.

Le pays s'est constitué comme État indépendant, conformément au traité de Londres du 11 mai 1867, sans abandonner, dans aucun moment de cette transformation, la modération qui était indispensable pour écarter des complications qui pouvaient devenir dangereuses et pour fonder un ordre de choses durable. L'entente a constamment régné entre les différents pouvoirs, malgré l'importance des affaires de tout genre qui ont été soumises à leurs délibérations et les divergences d'opinion qu'elles ont nécessairement fait naître. Les élections pour la Chambre, si elles ont provoqué dans quelques cantons des luttes vives, n'ont pas surexcité les passions et n'ont pas fait naître de divisions qui se sont prolongées; les élections pour le renouvellement de la moitié des membres des conseils communaux ont généralement manifesté un excellent esprit de conciliation, même dans les localités où autrefois les partis opposés les uns aux autres étaient le plus animés; partout la population a été constamment calme et tranquille. Rien ne prouve mieux, semble-t-il, combien elle était peu disposée à se laisser entraîner à la moindre agitation politique, si ce n'est le fait que pendant trois ans il n'y a eu qu'une seule réclamation contre les listes électorales pour la nomination des membres de la Chambre des députés. L'on peut donc dire que les Puissances signataires du traité de Londres, en reconnaissant l'autonomie du Grand-Duché de Luxembourg, ont posé un acte que l'expérience est venue immédiatement et complètement justifier.

Tandis qu'un état de choses s'établissait qui répondait aux besoins et aux opinions de la population luxembourgeoise, une guerre éclatait qui ne semblait pas pouvoir finir sans faire disparaître une petite principauté placée entre les deux grandes Puissances belligérantes. Ce fut une occasion pour les Luxembourgeois de faire paraître leur profond attachement à leur nationalité, qu'un traité européen venait de sanctionner; des démonstrations chaleureuses et unanimes l'exprimèrent. L'on ne peut assurément pas s'étonner du mouvement qui eut lieu; non seulement l'indépendance du Grand-Duché paraissait menacée, mais on avançait ouvertement que son incorporation dans une autre nation faisait l'objet de ses vœux. Un peuple content de son sort donnerait la preuve de la plus déplorable indifférence, il se montrerait indigne d'un bonheur qui n'est pas le lot de toute l'humanité, il autoriserait lui-même les atteintes à ses droits et préparerait sa perte, si, dans un pareil cas, il n'affirmait pas ses véritables sentiments, s'il n'exprimait pas son désir de conserver les biens qu'il possède et sa crainte d'un changement qui ne pourrait s'accomplir sans les lui enlever, quelque fût d'ailleurs le régime auquel il serait soumis.

Les événements qui se sont passés dans le Grand-Duché devaient d'ailleurs déterminer cette attitude de la population, à moins que l'expérience ne fit sur elle aucune impression.

Pendant les quatre-vingts ans qui viennent de s'écouler, le Grand-Duché éprouva des vicissitudes constantes; balloté de tous les côtés, il fut soumis aux régimes les plus divers et subit des révolutions dans tous les sens. Formant une province des Pays-Bas autrichiens, il fut conquis en 1794 par la France et traversa, durant les vingt années qui suivirent, les nombreuses phases du régime français; occupé par les alliés en 1814, il fut pendant seize mois soumis au gouvernement qu'ils établirent; en 1815 il devint un État de la Confédération germanique et fut réuni au royaume des Pays-Bas; de 1830 à 1839, il fit partie de la Belgique et resta dans un état constant d'agitation à cause de l'incertitude du sort qui lui était réservé par le traité à conclure avec les Pays-Bas; séparé en 1839 de la Belgique, il fut gouverné comme une principauté de la Confédération germanique, et fut encore troublé sous ce régime par plus d'une crise politique; en 1867 il vit de nouveau son existence mise en question et fut finalement constitué comme État neutre et indépendant. Rendu à lui-même après tant de commotions, se trouvant dans une position qui le satisfaisait, comment n'en aurait-il pas souhaité ardemment la consolidation, comment n'aurait-il pas redouté vivement sa réunion à un autre peuple comme une cause de nouvelles perturbations!

Nous sommes heureux pour nos voisins que leurs vœux aient été ceux du Souverain et de son digne Représentant parmi eux et que leur manifestation ait provoqué plus d'un acte qui restera dans la mémoire du pays et qui constate l'union intime de la maison d'Orange-Nassau et du peuple Luxembourgeois.

LE GRAND-DUCHÉ DE LUXEMBOURG AU POINT DE VUE DE SON ORGANISATION POLITIQUE.

Union personnelle avec le royaume des Pays-Bas, mais constitution et administration particulières; gouvernement nommé par le Roi Grand-Duc. Constitution du 17 octobre 1868; loi électorale du 1er Décembre 1860, modifiée par celle du 30 novembre 1868; il y a une chambre des Députés composée de 41 membres, qui sont élus pour 6 ans par les cantons et la ville de Luxembourg qui forme un canton à part; elle est renouvelée par moitié tous les 3 ans. Les élections sont directes. Le Grand-Duché a fait partie de la Confédération germanique depuis la fondation de cette dernière (1815) jusqu'à sa dissolution (1866); la ville de Luxembourg était place forte fédérale. Le droit de tenir garnison à Luxembourg appartenait à la Prusse, qui y a renoncé par le traité de Londres du 11 mai 1867; en vertu de ce traité le Grand-Duché, tout en restant sous la souveraineté de la maison d'Orange-Nassau, a été déclaré neutre et la ville de Luxembourg a cessé d'être une ville fortifiée.

Lieutenant-Représentant du Roi Grand-Duc dans le Grand-Duché de Luxembourg: le Prince Henri des Pays-Bas.

Secrétariat pour les affaires du Grand-Duché à La Haye. Secrétaire du Roi Grand-Duc: G. d'Olimart.

GOUVERNEMENT.

Ministre d'État, Président du Gouvernement: Baron de BLOCHAUSEN, chargé de la direction générale des affaires étrangères.

Directeur-général des travaux publics: de REBE.

Directeur-général de la justice: FUNCK.

Directeur-général de l'intérieur: SALENTINY.

Conseiller de Gouvernement ff. de Secrétaire-général du Gouvernement: HARDT.

Conseiller de Gouvernement: MULLENDORFF.

Conseil d'État, Président: SERVAIS; Vice-Président: WURTH-PAQUET.

Cour supérieure de justice. Président: WURTH-PAQUET; Vice-président: KEUCKER; Procureur-général: JURION.

Avocat-général: CHOMÉ.

Chambre des comptes. Président: THILGES.

Banque nationale. Président: ULVELING; Directeurs: VOGTHERR et FUNCK.

Commandant des troupes: Le major MUNCHEN.

Culte catholique romain. ADAMES, Évêque de Luxembourg.

Charges de la cour du Prince HENRI des Pays-Bas. Maréchal de la cour: le baron TÆTS d'AMERONGEN.

Aides de camp: les capitaines de frégate ARNTZENIUS et HOLMBERG de Beckfeldt.

Chambellan: le baron de PALLANDT — NEERYNEN.

Belgique: van DAMME, consul.

Notice statistique.

Superficie: 2587,45 kil. carrés.

Population. Au 1er décembre 1872: 210,012 habitants.

Langue parlée. La population du Grand-Duché est presque entièrement de race allemande. Le nombre des habitants qui ne parlent que le français dans la vie ordinaire, est évalué à 3 ou 4 mille.

Répartition de la population d'après la nationalité en 1871; appartenaient:

au Grand-Duché	191,656	habitants.
à l'Empire d'Allemagne . .	3,226	„
à la Belgique	1,469	„
à la France	994	„
aux Pays-Bas	73	„
Nationaux d'autres États de l'Europe	93	„
des États-Unis	4	„

Cultes. En 1871 on comptait 196,572 catholiques, 440 protestants, 24 autres chrétiens, 523 israélites, 6 individus d'autres cultes; outre ces habitants il y en avait 23 dont la religion n'était pas connue.

Finances.

I. Résultat des exercices des dernières années.

	1870	1871
Recettes	5,840,772 frs.	5,641,969 frs.
Dépenses „	5,276,111 „	5,200,423 „
Excédants „	564,661 frs	441,546 frs.

II. Budget pour 1873.

Recettes.

Excédant de 1872. . .	300,000
Contributions directes . .	1,565,500
Douanes	1,146,000
Enregistrement, domaines	1,259,500
Postes	166,000
Télégraphes	31,000
Travail des prisons . .	161,000
Recettes diverses . . .	673,700
Total	5,302,700

L'exercice de 1873 s'est soldé par un boni de prés de

1,200,000 frs.; des dépenses extraordinaires pour travaux d'utilité publique, amélioration du sort des fonctionnaires publics, subsides à l'agriculture etc., ont abaissé ce boni pour 1874; d'après des données que nous possédons, il restera à la fin de cet exercice un excédant de 900,000 frs.

Dépenses. (Services principaux.)

Liste civile	200,000
Administration supérieure	184,385
Affaires étrangères	29,700
Justice	217,000
Cultes	333,690
Instruction publique	302,246
Troupes, gendarmerie	450,600
Dette	610,400
Agriculture, commerce	58,900
Pensions	374,000
Chambre des comptes	42,360
Contributions directes	261,100
Douanes	198,700
Enregistrement etc.	152,825
Postes	198,270
Télégraphes	61,650
Travaux publics	620,120
Démantèlement de la forteresse	500,000
Bienfaisance publique	38,500
Augmentation des appointements	150,000

Dette publique. La dette n'a été contractée que pour la construction de chemins de fer et consiste en deux emprunts, s'élèvant en tout à 12,000,000 de francs. L'un de ces emprunts, qui est de 3,500,000 frs., date de 1859; l'autre est de 8,500,000 frs. et date de 1863.

L'annuité de la dette comprenant les intérêts et lamortissement est de 600,000 frs.

Troupes. (Loi du 18 mai 1868.) Un bataillon (4 compagnies) de chasseurs composé de volontaires et de soldats de la milice. Il compte 13 officiers (combattants) et 500 hommes sans les cadres.

De plus un corps de gendarmerie composé de 3 officiers et 119 sous-officiers et gendarmes.

Commerce. Le Grand-Duché fait partie de l'Union douanière allemande.

Chemins de fer en 1873. 170 kilomètres en exploitation.

L'HISTOIRE DU LUXEMBOURG.

L'origine de l'histoire du Luxembourg remonte aux époques reculées et douteuses des anciens temps. On admet généralement que les Celtes furent les habitants primitifs du pays et qu'ils en furent expulsés par les Germains longtemps avant l'invasion des Romains sous Jules César. En effet, dans ses commentaires sur la guerre des Gaules, ce général parle des Tréviriens (dont l'Ardenne faisait partie) comme d'un peuple régi, dès son arrivée, par une constitution politique bien organisée.

Occupé pendant plus de 400 ans par les Romains, puis envahi par les Francs vers le commencement du VIe siècle, le Luxembourg passa sous la domination de Clovis et de ses successeurs et suivit, lors du démembrement des vastes Etats de Charlemagne, les destinées de l'Empire d'Allemagne.

Ces annales de dix siècles offrent des vicissitudes tellement nombreuses depuis le commencement de son histoire jusqu'à nos jours, cette fortune périlleuse s'est identifiée si intimement avec celle des plus puissants Etats de l'Europe, qu'il est de quelque intérêt peut-être d'en retracer ici les principaux souvenirs.

En effet, depuis les époques presque fabuleuses auxquelles on remonte pour établir la base de son existence historique, jusqu'à la date toute récente encore qui a rangé le Luxembourg sous le sceptre débonnaire des Nassau, on voit se succéder dans le cours des siècles, sur le sol du Grand-Duché, une foule de peuples divers dont chacun y a laissé des traces.

Les antiques forêts de l'Ardenne ont retenti du cri de guerre du Celte et du Germain. Rome a multiplié ses édifices sur le territoire luxembourgeois ; ses légions ont dressé leurs camps dans ses plaines et sur ses montagnes ; des voies militaires ont sillonné le pays d'un bout à l'autre, les maîtres du monde y avaient leur pied-à-terre, et le château fort, qui devint plus tard le berceau de cette nationalité, était l'ouvrage d'un César. Envahi par les guerriers de Clovis, le Luxembourg subit la domination des rois francs, jusqu'au jour où les grands vassaux de France, dédaignant la faiblesse de leurs souverains-seigneurs, usurpèrent la propriété des domaines qui leur étaient dévolus en fief, et en fixèrent l'hérédité dans leurs familles.

C'est alors qu'érigé en souveraineté indépendante, le Luxembourg inaugura la longue période qui sépare le règne du premier de ses comtes, de son incorporation aux Etats du duc de Bourgogne.

Pendant cette période, qui embrasse un espace de près de cinq siècles, la physionomie du pays subit une transformation complète.

Les villes s'entourent d'enceintes et le bourgeois abrite son industrie et ses richesses derrière les créneaux de ses remparts. L'affranchissement des communes, l'abrogation des lois féodales, l'octroi d'immunités et de privilèges favorables au bien-être matériel et moral de la population ; tels sont les résultats qui consomment et couronnent l'œuvre civilisatrice de la dynastie luxembourgeoise.

Avec son incorporation aux domaines de Bourgogne, le pays perd son indépendance, qu'il ne recouvre plus qu'au dernier grand traité qui détermine la délimitation politique des différents Etats de l'Europe. Pendant cette longue dépendance de l'étranger, nous voyons passer successivement les Bourguignons, les Espagnols, les Autrichiens, les Français, les Prussiens, et chacun de ces peuples, en se retirant, a soin de laisser là des monuments de son passage, dont l'ensemble forme cet entassement formidable et bizarre de fortifications qui a valu à la forteresse du Grand-Duché l'épithète d'Invincible.

Pendant cette longue période, le Luxembourg subit bien des vicissitudes. Il a eu ses jours de gloire, et il a donné des empereurs à l'Empire d'Allemagne. Mais il a eu également ses périodes de servitude et d'abaissement, et c'est à l'Empire d'Autriche qu'il était soumis quand, sous le règne de François II, la République française lui déclara la guerre en 1792.

Les premiers coups de canon révolutionnaires avaient suffi pour réveiller dans le cœur des Belges la haine acharnée qu'ils portaient depuis Joseph II à la domination autrichienne. Ils reçurent les soldats républicains à bras ouverts, et contribuèrent de leur mieux à l'expulsion de leurs anciens maîtres.

Mais dans ces conjonctures, les Luxembourgeois tinrent à honneur de sauvegarder leur réputation de foi et de loyauté. D'un bout du pays à l'autre ils prirent les armes pour s'opposer à l'invasion étrangère.

Les troupes républicaines avaient débordé sur le territoire et y exerçaient çà et là des ravages. Farouches mandataires de la nation française, ils donnaient au peuple luxembourgeois une sombre idée des tendances de la jeune république. Les habitants de la campagne organisés en guérillas pour soutenir une lutte suprême, mais impuissante, payaient de leur sang la bravoure, avec laquelle ils défendaient leurs foyers et leur souverain. Dans un de ces combats inégaux, le village de Dudelange perdit presque toute sa population masculine, et le désespoir héroïque des habitants d'Esch-sur-l'Alzette porta de si rudes coups à l'ennemi que cette localité en a retenu jusqu'à ce jour l'épithète de „mauvaise Esch", injure équivalant au plus bel éloge.

Après la bataille de Fleurus, l'armée française, qui s'était repliée à la suite de l'affaire de Noirefontaine, repassa la frontière et marcha sur Luxembourg. Ce fut le 21 novembre 1794 qu'elle en commença le siège, un des plus opiniâtres du dernier siècle.

Les habitants de la ville s'organisèrent spontanément en corps de chasseurs et soutinrent vaillamment les efforts de la garnison. Pendant six mois, ils partagèrent les travaux et les privations des soldats autrichiens qui, par de fréquentes et vigoureuses sorties, firent subir des pertes sensibles aux assiégeants. Enfin, dénuée de tout, sans munitions et sans vivres, la place, avec la conscience d'avoir fait son devoir, songea à capituler, et son gouverneur, le maréchal baron de Bender, en fit la proposition au commandant en chef de l'armée française. Le général Hatry accorda à la garnison les honneurs de la guerre. Le 10 juin, les Autrichiens devaient quitter Luxembourg, bannières déployées et tambours battants. Avant son départ, le général Bender adressa à la ville et au corps de chasseurs des lettres d'adieu, dans lesquelles il leur exprima toute sa gratitude pour le patriotisme avec lequel la bourgeoisie avait partagé les périls et la gloire de la garnison.

Les Français, désormais maîtres du pays, s'empressèrent de planter l'arbre de la liberté au milieu de la place d'armes. Les bourgeois de la ville portèrent la cocarde tricolore; une contribution de 900,000 frs. fut imposée à la ville pour frais de guerre, et comme le paiement ne s'en réalisait pas assez vite au gré du gouvernement, on incarcéra sept notables de la ville jusqu'à ce que le versement de la somme fût effectué. On parvint enfin à le réaliser, grâce aux abbayes de Maximin, Echternach, Munster, Orval, Differdange, Clairefontaine et Bonnevoie, qui y participèrent ensemble pour la somme de 342,027. 00 frs.

Le 8 octobre 1795, les lois et règlements de la République française furent mis en vigueur, et les destinées du Luxembourg se rattachèrent dès lors à celles de la France. Ce fut un temps de rudes épreuves. Le Luxembourg partagea les destinées de la France. Le culte antique fut aussitôt remplacé par le culte de la Raison . . . républicaine. Les églises furent fermées, les monastères confisqués, les prêtres qui se refusaient à prêter le serment d'hommage à la République, furent proscrits ou emprisonnés et leurs biens saisis. Ceux qui parvinrent à se dérober par la fuite aux persécutions des sectaires de la Raison, allèrent cacher leur foi et leur résignation dans les forêts et dans des lieux inconnus. Une grange ou un grenier leur servait de sanctuaire, et l'office divin, célébré dans ces humbles réduits, ne manquait jamais d'une nombreuse affluence de fidèles. Le peuple, mécontent d'un état de choses qui froissait tous ses intérêts les plus chers, tenta à tout risque de reconquérir sa vieille indépendance. La vaste conspiration organisée dans les Pays-Bas pour l'expulsion des républicains trouva parmi la population ardennaise des adeptes avides et nombreux. Une opposition de plus en plus démonstrative se manifesta dans le nord du pays. Les autorités françaises furent méconnues et insultées; et bientôt ces actes d'une audace inouïe et d'une flagrante illégalité, prirent toutes les proportions d'une révolte ouverte. Enfin le sort en était jeté, le tocsin de l'émeute fut sonné dans tous les villages de l'Oesling, et les paysans s'attroupèrent en bandes nombreuses pour aller livrer bataille aux Français.

Rencontrés par un détachement de la forteresse dans la plaine d'Arsfeld, ils furent battus et mis en déroute.

Les fauteurs, jugés par un Conseil de guerre, furent pour la plupart condamnés à mort. Leur exécution eut lieu à Luxembourg, le 26 février 1799.

Le premier consul Bonaparte vint mettre un terme à l'état de choses établi par la République. En 1800, il conclut avec le pape Pie VII le concordat du 2 avril 1802, d'après lequel la religion catholique fut rétablie en France comme dans les pays qui en dépendaient.

Le 9 octobre 1804, Napoléon, devenu Empereur, arriva à Luxembourg. Vers onze heures du matin, il fit son entrée au son des cloches et au bruit du canon. On organisa une garde d'honneur qui escorta le monarque dans son inspection de la forteresse. Les arcs de triomphe et les illuminations exprimèrent la joie des Luxembourgeois de posséder pour quelques moments leur illustre souverain.

Le lendemain, Napoléon reçut les autorités civiles et militaires et le clergé, et vers midi, après avoir passé en revue la garnison de la place, il reprit la route de Longwy.

L'année 1812 vit déjà pâlir l'étoile de Napoléon. En 1813, après la bataille de Leipzig, l'armée française fut obligée de repasser le Rhin, et le corps d'armée qui prit le chemin du Luxembourg y apporta le typhus, qui infecta le pays et surtout la capitale.

Tous les hôpitaux étaient remplis de malades, et comme ces établissements ne suffisaient pas à les abriter, on les déposait dans les églises sur des grabats de paille. Le nombre des morts était effrayant. De grandes fosses creusées dans les cimetières de la garnison recevaient les cadavres.

Dans la nuit du 31 décembre 1813, l'armée des alliés, à la poursuite des Français, passa le Rhin. Le corps d'armée qui devait prendre la route du Luxembourg pour entrer en France arriva à Grevenmacher le 7 janvier 1814, et s'approcha de la capitale sans coup férir. Le 15 janvier, la forteresse était cernée de tous côtés. Les troupes hessoises, commandées par le prince de Solms, avaient établi leur camp à Sandweiler (à une lieue de Luxembourg). La garnison, sous les ordres du général de Vimeux, se composait de 3,000 hommes environ.

Les Allemands avaient su se ménager des intelligences dans la place, et un serrurier de la ville avait procuré au général en chef hessois des clefs imitées de la porte de Mansfeld. Avec ces ressources le prince de Solms résolut de tenter l'escalade. Il fut décidé que dans la nuit du 21 au 22 février, la tête d'une colonne hessoise franchirait le mur de la porte de Mansfeld, gardée par un peloton français, et que celui-ci mis hors de combat, la porte serait ouverte aux Hessois qui, à la faveur de la nuit et dans le plus profond silence, s'approcheraient de la place en trois colonnes. Toutes les dispositions étaient prises en conséquence, et l'on n'attendait que le moment pour les mettre à exécution. Cependant le général de Vimeux, secrètement averti du coup de main qu'on méditait, s'en moqua d'un air incrédule, et demanda ce qu'une poignée de Hessois pourrait entreprendre contre une forteresse comme celle qu'il défendait.

De son côté, le prince de Solms recommanda à ses troupes d'éviter toute effusion de sang et de s'abstenir de tout pillage. Il était convaincu, disait-il, de la sympathie des bourgeois pour les Allemands et d'une bonne réception de leur part.

La nuit du 21 au 22 février arrivée, les colonnes hessoises, ainsi qu'elles en avaient eu l'ordre, se mirent en mouvement et s'approchèrent en trois directions différentes de la porte de Mansfeld. Déjà le premier mur était franchi et le second, celui qui correspondait au corps de garde français, allait l'être, lorsqu'un coup de fusil parti du pont dit „Hohebrück" vint troubler le calme de la nuit. Les Hessois consternés se crurent trahis. Ce fut en vain que le général Dorenberg, qui dirigeait l'opération, donna l'ordre d'avancer toujours; la débandade fut générale, et d'autant plus déréglée que dans l'obscurité de la nuit on se trompa de direction.

Dans la précipitation de la fuite les soldats jetaient loin d'eux armes et bagages, et au milieu de cet épouvantable pêle-mêle, les fuyards se portaient réciproquement des blessures involontaires. Le général Dorenberg faillit être écrasé par la foule qui chercha à gagner le large au moment où retentit le fatal coup de mousquet. Cependant la ville était en émoi, on battit la générale et la garnison se prépara au combat. Le lendemain matin, en sortant de la ville pour combattre l'ennemi, on trouva la vallée de Mansfeld jonchée d'armes de tout genre, mais de Hessois nulle trace. On s'amusa beaucoup de cette malencontreuse aventure, qui, du reste, n'exerça aucune influence sur l'état des choses en général. Les confédérés avançaient toujours, et force fut enfin à la ville de se rendre à composition.

Le 13 mai 1814, les Français quittèrent Luxembourg et les Hessois en prirent possession sous le commandement du général autrichien Dufour.

Après le premier traité de Paris, le département des Forêts fut placé sous la suprématie provisoire de la Prusse, et la forteresse occupée par une garnison prussienne.

En vertu du congrès de Vienne (1815) le Luxembourg fut érigé en Grand-Duché, incorporé comme État indépendant à la Confédération germanique et donné en souveraineté au Roi Guillaume Ier des Pays-Bas, pour dédommager ce prince de la perte de ses possessions nassauviennes. Lors du règlement des frontières, une partie du duché échut en partage à la Prusse. Ce fut le second morcellement du pays, qui devait en subir un troisième en 1830.

Depuis ce troisième démembrement, le Grand-Duché n'a plus le quart de la superficie qu'embrassait l'ancien comté de Luxembourg.

L'histoire du pays, depuis 1815 jusqu'à présent, est l'histoire de nos jours. Il suffit d'y jeter un coup d'œil rapide.

Quoiqu'en vertu des décisions du Congrès de Vienne, le Grand-Duché de Luxembourg constituât un État fédératif indépendant, il n'en fut pas moins régi d'après la constitution néerlandaise et administré comme les autres provinces des Pays-Bas.

Ceci eut pour le Luxembourg de graves inconvénients, auxquels on ne remédia qu'en 1830 à propos de l'insurrection des provinces méridionales. Cette époque, qui lui rendit son autonomie, n'en est pas moins une des plus déplorables que son histoire ait à consigner; car, le 19 avril 1839, après neuf ans d'un provisoire excessivement funeste, le Grand-Duché, dont la Hollande et la Belgique se disputaient depuis 1830 la possession, fut pour la troisième fois démembré, et des huit districts qui le composaient en dernier lieu, il ne lui en resta que trois. En 1840, Guillaume Ier abdiqua en faveur de son fils aîné le prince d'Orange.

Guillaume II sut se concilier l'affection du Grand-Duché par des actes d'une bienveillance non équivoque. C'était un prince dont la popularité et les manières affables ont gravé des souvenirs profonds dans le cœur des Luxembourgeois.

En 1848, au milieu de l'ébranlement universel, le Luxembourg, lui aussi, manifesta le désir d'obtenir une plus large part de libertés politiques. Mais pour y parvenir il n'eut pas besoin de prendre une attitude menaçante; la libéralité de son souverain vint au devant de ses vœux et contracta avec lui un pacte constitutionnel dont plusieurs de ses voisins pourraient être jaloux.

LA VILLE DE LUXEMBOURG.

(Ancienne description.)

Celui qui n'a pas vu Luxembourg (dit Gœthe, qui visita la ville en 1792) ne saurait se faire une idée de cet étonnant édifice de guerre. L'imagination s'égare en cherchant à s'en rappeler la bizarre construction, et il faudrait une carte topographique pour parvenir à s'orienter quelque peu dans la description que peut en faire l'écrivain.

Un ruisseau (la Petrusse), d'abord seul, puis réuni à l'Alzette, l'enlace de ses capricieuses sinuosités. Sur l'escarpement rocheux de la rive gauche s'élève la vieille cité. Vue de la plaine, elle ressemble, avec ses fortifications, à d'autres villes fortifiées.

Gœthe, en rendant compte de l'impression que fit sur lui l'aspect de Luxembourg, avait pris sa vue du fond de la vallée.

De ce point de départ, sa description, dont nous n'avons conservé que des extraits, est aussi exacte que pittoresque; mais pour voir la ville dans toute sa splendeur belliqueuse, il faut la regarder du haut du Fetschenhof, sur l'ancienne route de Trèves. C'est là, sur son piédestal de rocher, avec sa ceinture de tours et de remparts, avec ses cent meurtrières prêtes à vomir la destruction et la mort, qu'elle nous apparaît imposante et invincible.

De ce côté, c'est-à-dire du côté de l'Est, une vaste plaine, couverte de forêts et de champs cultivés, se prolonge jusqu'en face de la forteresse, dont elle n'est séparée que par la vallée de Clausen. Soudain, on s'arrête devant le précipice formé par des rochers perpendiculaires, et l'on mesure à vol d'oiseau la distance qui nous sépare d'un mur de rocher plus abrupte encore, mais infiniment plus grandiose. Nous voyons la plus imposante façade de la ville haute assise comme une reine sur un roc transformé en inexpugnable boulevard.

Qu'on songe un peu au chemin fatiguant qu'il fallait parcourir pour gagner sa demeure de la ville haute, lorsqu'arrivé à la porte de Thionville, on peut presque s'y croire aujourd'hui. Naguère, en entrant à Luxembourg du côté de Hesperange, on se ceignait les reins pour escalader cette fatale montée du Grund, véritable calvaire pour tous ceux qui n'ont pas la poitrine robuste et les poumons bien dégagés.

Cette pente est si escarpée que les gens de la campagne qui viennent à Luxembourg, sont forcés de laisser leurs voitures au fond du Grund, parceque jamais ils ne parviendraient à leur faire gravir cette rampe, pour ne pas dire cet escarpement, inaccessible à un cheval.

Ce pied-à-terre faisait les affaires des cabaretiers et des aubergistes du Grund; aussi ont-ils été désolés en apprenant la construction du Pont du Diable, qui allait leur dérober la plus notable partie de leurs bénéfices. Cependant le mal est consommé, et la meilleure consolation qui reste aux braves bourgeois du Grund, c'est de penser qu'ils ont sacrifié leur bien-être à celui de leurs frères. Aujourd'hui le voyageur arrive triomphalement à Luxembourg par quatre chemins de fer.

Essayons maintenant de donner la description de la ville.

Luxembourg (en dialecte luxembourgeois: Letzeburg), capitale du Grand-Duché, est à sept lieues de Thionville, à six de Longwy, à cinq d'Arlon, à sept de Sierck, à quatorze de Saarlouis, à dix de Trèves et à trente de Liége.

Edifices. L'hôtel du Prince, jadis la maison de ville et en dernier lieu l'hôtel de Gouvernement, se distingue par l'élégance de son architecture.

Sous la domination française, ce palais était habité par le préfet. Napoléon y descendit en 1804. Aujourd'hui il est affecté à l'habitation du Roi Grand-Duc et de son Représentant pendant leur séjour dans le pays.

On a démoli l'aîle construite en 1779, pour construire sur son emplacement un hôtel national destiné aux assemblées des États.

L'hôtel de Gouvernement, à côté de l'église Notre-Dame, appartenait autrefois aux frères Maximins de l'abbaye d'Echternach; pendant tout le temps de l'occupation de la forteresse par la Prusse, ce bâtiment servait de demeure au gouverneur de la forteresse.

L'hôtel de ville, sur la place Guillaume, est un bâtiment solide. Il fut construit en 1830—1844, à côté de l'ancien couvent des Récollets, qui, démoli depuis longtemps, avait été remplacé en 1662 par l'église de l'ordre St. François.

C'est cette dernière église, avec ses dépendances, qui fut donnée à la ville par l'empereur Napoléon Ier, en compensation de l'ancien hôtel municipal, dont il vient d'être question, et dont le premier préfet du département des Forêts avait pris possession.

Le palais de justice, construit en 1565, était, jusqu'en 1795, l'hôtel du gouverneur du pays. C'est un bâtiment très-spacieux, dont les balcons du côté du faubourg offrent un magnifique point de vue.

L'hôtel du vicaire apostolique sert aujourd'hui de demeure à Mgr. l'Évêque. C'était originairement la propriété des vicomtes de la Fontaine, seigneurs de Bettingen.

La maison curiale, occupée par les desservants de la métropole.

Le cercle-littéraire (place d'armes), derrière la grand'-garde, construit en 1830, fut d'abord destiné au casino civil. Bien que cette destination ne lui ait pas été conservée, il n'en retint pas moins ce nom qu'il porte encore aujourd'hui, et qui sous-entend la réunion de l'élite de la bourgeoisie. Vendu à la ville en 1857, celle-ci en a fait une espèce d'Odéon.

L'Athénée, construit contre l'église Notre-Dame en 1594, formait avec celle-ci une possession des jésuites qui furent expulsés lors de la domination française.

Cet institut qui compte aujourd'hui au delà de 600 élèves, est depuis de longues années une pépinière qui a fourni au Grand-Duché et même à la Belgique des hommes distingués dans toutes les carrières.

La Bibliothèque publique, qui contient plus de 56,000 volumes et 300 ouvrages manuscrits, est ouverte au public tous les jours, le matin et le soir, sauf les dimanches et les jours de fête.

La bibliothèque de Luxembourg est avantageusement connue à l'étranger; des savants de notre pays, de l'Allemagne, de la France et même de l'Angleterre et de l'Italie s'adressent à cette bibliothèque, tantôt pour avoir communication d'ouvrages rares, tantôt pour avoir des renseignements sur des questions historiques qui concernent le pays de Luxembourg. Ce sont surtout les ouvrages manuscrits qui en forment la richesse et dont quelques-uns n'existent que dans cette collection.

Lors du blocus de 1794, les bâtiments de l'Athénée servirent de caserne aux soldats autrichiens; les Français en avaient fait un hospice militaire en 1796, et en 1831 on y avait logé des troupes prussiennes.

Le Séminaire, dans la rue du même nom, faisait autrefois partie du collége des jésuites. Avant 1843, la gendarmerie y était logée et la grande salle servait de salle de spectacle. On y avait également établi l'école des garçons pauvres.

Le couvent des dames religieuses de la congrégation de Notre-Dame, vulgairement nommé Sainte-Sophie. C'était autrefois (1676) le refuge de l'abbaye de Munster. Les bâtiments de cet établissement servent d'habitation aux religieuses de l'ancienne congrégation, qui dirigent un pensionnat de jeunes demoiselles et une école gratuite (école ouvrière) de filles de la classe indigente.

Casernes: 1° *Caserne de la porte-neuve,* [1]) qui peut contenir 560 hommes. Sa construction date de 1768. On y peut entrer par la rue de la Porte-Neuve et par la rue des Capucins.

2° *Caserne des Pionniers*, vulgairement nommée caserne des Juifs, près de l'Arsenal. Elle peut contenir 400 hommes. Sa construction date de 1674; c'est la plus ancienne de la forteresse.

3° *Caserne Marie-Thérèse*, dans la rue du même nom. Elle a été commencée en 1685, et achevée en 1736. Elle peut loger 400 hommes environ.

[1]) Cette caserne a été entièrement démolie dans les derniers temps; une partie sert d'emplacement à l'établissement des bains et lavoirs publics de la ville.

4° *Casernes du Saint-Esprit*, construites en 1770 sur l'emplacement de l'ancienne abbaye des religieuses de Sainte-Claire, dites Urbanistes. Ce monastère avait été fondé en 1234 par la comtesse Ermesinde, et exista jusqu'en 1684; Louis XIV y substitua alors une caserne, et relégua les religieuses au Pfaffenthal. Les casernes du Saint-Esprit peuvent contenir 560 hommes.

5° *Casernes du Rham*, au Grund, construites en 1685. On peut y loger 1080 hommes.

6° *Caserne Vauban*, au Pfaffenthal, construite en 1687, primitivement hôpital militaire. En 1828, on transforma l'hôpital en caserne, en même temps qu'on fit du couvent de Munster un hôpital militaire. Peut contenir environ 670 hommes.

7° *Caserne dite des Cavaliers* (Reiterkaserne) au Pfaffenthal, construite en 1688. Peut contenir 405 hommes.

Églises. *Notre-Dame*, autrefois église des jésuites, érigée en 1613 sur l'emplacement du couvent ruiné des Récollets, dont les jésuites avaient fait l'acquisition.

Dans cette église on remarque la statue miraculeuse de la sainte Vierge, patronne du pays et de la ville de Luxembourg. Le maître-autel, le jubé et le chœur méritent l'attention des amateurs de la belle sculpture.

Notre-Dame est la métropole de Luxembourg et mérite ce titre sous tous les rapports.

Quoiqu'elle ne marche pas l'égale des grandes cathédrales de France et d'Allemagne, la pureté de son style et l'harmonie de ses proportions lui valent le suffrage des hommes compétents. Son carillon n'est remarquable que par l'air national (Hemmelsmarsch) qu'il exécute toutes les deux heures, et qui, sans être un chef-d'œuvre de composition musicale, rappelle au souvenir des Luxembourgeois la plus joyeuse époque de l'année. Car c'est cet air qui inaugure annuellement la foire luxembourgeoise, et que les enfants de la ville apprennent à fredonner avant de savoir parler.

C'est dans l'église Notre-Dame que se tient chaque année, au mois de mai, la célèbre octave à laquelle affluent les gens du pays, de près et de loin. Cette octave, instituée en l'honneur de la sainte Vierge, se termine par une procession solennelle, où la pompe religieuse se déploie dans tout son éclat.

L'Église Saint-Michel, dite des Dominicains, n'est remarquable que par ses antécédents historiques. L'église elle-même, telle que nous la voyons aujourd'hui, est tout-à-fait dénuée de ce qui peut fixer l'attention du visiteur.

L'Église Saint-Jean au Grund, autrefois église des Bénédictins de Munster, fut construite en 1309, ainsi que l'hôpital Saint-Jean, par l'empereur Henri VII, père de Jean l'aveugle.

L'histoire de cette église se rattache intimement à celle de l'abbaye et de l'église de Munster, fondée en 1083 par Conrad Ier.

Nous devons encore mentionner la chapelle Saint-Quirin, l'église de Ste-Cunégonde, l'église Saint-Mathieu, l'église des Bons-malades, le temple protestant et la synagogue.

La ville a trois places principales: la place d'Armes, la place Guillaume et le Marché-aux-Poissons.

Promenades. Outre ces trois places publiques qui, en temps de soleil sont ordinairement couvertes de promeneurs, Luxembourg possède plusieurs promenades qui ne sont pas dépourvues d'agrément.

C'est d'abord le grand *Parc*, dit „jardin du général“, dont l'accès a été ouvert au public dès le départ de la garnison prussienne. Les travaux qu'on y a fait exécuter dans les derniers temps et les plantations nouvelles qu'on y a ajoutées, le placent au niveau des jardins d'agrément des plus grandes villes.

Ce sont ensuite les plantations de la route d'Eich d'où le spectateur jouit en même temps d'une vue des plus charmantes.

Qu'il nous soit permis d'ajouter ici, et sans digression, que la fête de Luxembourg donne le signal à toutes les autres fêtes du pays. A partir du premier dimanche de septembre, les „Kermess" du Grand-Duché se suivent sans interruption, de semaine en semaine, jusqu'à l'époque du carnaval, qui en amène la clôture et l'enterrement.

Pendant toute cette période, le Luxembourg est un vrai pays de cocagne, où l'on roule d'un plaisir dans l'autre, et où, de village en village, les fanfares s'avertissent de ne pas laisser refroidir l'ardeur de la joie générale.

Comme les Luxembourgeois sont bons piétons, ils n'hésitent pas à compter, au nombre de leurs promenades habituelles et favorites, des excursions à une et à deux lieues de la ville.

Ils vont se promener à Walferdange, à Strassen, à Hesperange, à Schleifmühl comme on se promène d'une rue à l'autre.

Le moins qu'ils puissent faire, lorsqu'ils ne sont pas retenus par les occupations des jours ouvrables, c'est d'enfiler le Limpertsberg, ou bien le Rollingergrund au-delà des glacis, de côtoyer la magnifique faïencerie de M. Bock à Sept-Fontaines, d'aller visiter les forges de M. Metz à Mühlenbach, et de se rafraîchir un instant à Eich, chez Puderfranz ou vis-à-vis, dans la brasserie de Gansen-Fisch, pour continuer leur petit exercice pédestre jusqu'aux glacis, point de départ de cette excursion.

Sociétés particulières. Luxembourg est la ville des sociétés closes. On y compte: la société des arquebusiers, la société de gymnastique, la société royale agricole du Grand-Duché de Luxembourg, le cercle agricole et horticole du Grand-Duché de Luxembourg, le casino bourgeois et quantité d'autres sociétés qui pour la plupart ont pour objet la culture de l'art musical ou dramatique. Les étrangers y sont admis sur la présentation d'un sociétaire.

EXCURSION DANS LE GRAND-DUCHÉ DE LUXEMBOURG. [1]

(DE SPA A LUXEMBOURG.)

Le Grand-Duché de Luxembourg est aujourd'hui traversé dans toute sa longueur par le chemin de fer de Spa à Luxembourg et dans sa plus grande largeur par le chemin de fer d'Arlon à Trèves. Ce sont donc les diverses stations de ces deux voies ferrées qui serviront ou de point de départ ou de point de retour pour toutes les excursions que nous aurons à indiquer.

En quittant Spa, il faut avoir soin de se placer à gauche, c'est-à-dire du côté du centre de la ville, et le dos tourné à la locomotive. La montée est longue et la vue s'étend à mesure qu'on avance, de manière à embrasser toute la vallée du Wayai, toute la ville de ce côté et les collines qui la bornent au nord. Près du chemin de fer le pays prend un aspect sauvage; ce ne sont que halliers et bruyères. Nous sommes en pleine Ardenne. Au fond d'un ravin aride et rocailleux coule un mince filet d'eau qui, on le devine, se transformera en torrent à la moindre averse: nous reconnaissons le Hoëgne, l'une des merveilles des environs de Spa.

La halte de Hockay, établie un peu au-delà, viendra en aide aux promeneurs que rebuterait, pour l'aller ou le retour, le trajet de 6 kilomètres par Sart.

[1] Van Bemmel.

On s'arrêtera aussi à Hockay pour se rendre à la Baraque Michel.

Francorchamps, 2e station depuis Spa, est sur un premier versant méridional d'où l'on découvre de tous côtés d'immenses horizons. Les habitations, éparses, sont préservées du vent du nord par de hautes charmilles.

Malmédy, de l'autre côté, vers l'est, à 10 kilomètres sur le territoire prussien, mérite sous tous les rapports une visite. La ville, commerçante et animée, a une physionomie très-caractérisée; les tanneries y sont en grand nombre; les environs attirent les paysagistes. On peut revenir prendre le chemin de fer à Stavelot par une route de 9 kilomètres fort aisée, ou en faisant un agréable détour vers l'Amblève. Des malles-postes font le service entre Francorchamps et Malmédy, ainsi qu'entre Malmédy et Stavelot, mais le voyage pédestre est infiniment préférable à tous égards. De Malmédy à Eupen il y a une malle-poste qui passe par la Baraque Michel. Le train en approchant de Stavelot suit l'Eau rouge et passe devant un panorama mouvant qui a pour premier plan la ville, d'un aspect un peu rustique, et pour fond des pentes verdoyantes. On ne voit rien des immenses bruyères qui s'étendent vers le nord jusque près de Spa.

L'intérieur de la ville fait deviner, par quelques vestiges d'architecture, l'ancienne splendeur de cette „capitale de la principauté de Stavelot.“ L'abbaye, qui avait été entièrement reconstruite au siècle dernier, a été transformée en un très-bel hospice par M. Ferdinand Nicolaï. L'église paroissiale renferme la châsse de St. Remacle, belle-œuvre d'orfévrerie, datant apparemment du XIVe siècle. Quant à la ville moderne, elle a surtout pour industrie les tanneries, comme sa rivale, Malmédy, dont les traités de 1815 l'ont séparée.

On loge très-bien à Stavelot à l'hôtel d'Orange. Pour

les touristes qui connaîtraient déjà la vallée de l'Amblève, il y a une traverse qui mène de Stavelot à Grand-Halleux, dans la vallée de la Salm, par les hauteurs où se trouve Wanne (cette promenade dure une dizaine de kilomètres) ; ils y auront l'occasion de voir le „faix du diable,“ énorme bloc de quartz qui est l'objet d'une légende célèbre.

En quittant Stavelot, le chemin de fer se rapproche de l'Amblève dans un site des plus pittoresques, et finit par traverser la rivière, pour déboucher par une tranchée à Trois-Ponts. C'est le point de jonction de trois rivières, l'Amblève, le Salm et le Bas-Bodeux, qui ont chacune un pont.

La vallée de la Salm est moins accidentée que celle de l'Amblève : la voie ferrée, après avoir passé un tunnel, suit la rive gauche. Les collines, d'aspect sauvage, se parent d'une façon ravissante lors de la floraison des genêts et de celle des bruyères. La rivière forme en certains endroits de joyeuses cascatelles.

Grand-Halleux est un gros village assez prospère ; Hourt, situé à quelque distance en amont, renferme une source d'eau minérale récemment découverte. L'hôtel de Belle-Vue, tenu par M. Henrard, a sa réputation faite. Le prix de la pension est de 5 francs par jour. Il y a à visiter encore dans les environs les ardoisières, rivales de celles d'Herbeumont, et peut-être plus curieuses encore pour les touristes. Cette industrie s'est notablement perfectionnée depuis quelques années, grâce à l'emploi de la vapeur, et elle a pris plus d'extension par suite de l'établissement du chemin de fer. La localité est aussi la seule où l'on exploite la „pierre à rasoir,“ si recherchée des Italiens et des Espagnols, qui venaient naguère encore en prendre des chargements avec de longs convois d'ânes et de mulets. D'autre part, des défrichements, opérés aujourd'hui avec succès sur une grande échelle, ont attiré l'attention des capitalistes sur cette contrée à demi sauvage.

Salm-Château montre, sur un mamelon qui domine le défilé de la rivière, des tronçons de tours et d'enceinte fortifiée qui furent le manoir féodal des comtes de Salm. On trouve aussi dans les environs des substructions romaines, des sépultures, des restes de tous les âges. Il est certain que ce pays mériterait d'être exploré avec soin par des archéologues.

Pour les touristes déterminés, il suffira d'indiquer la route de Salm-Château à la Roche par la „Baraque de Fraiture," l'un des deux points les plus élevés des Ardennes belges: celui-ci a une altitude de 650 mètres. Mais cette route n'est remarquable que par les horizons immenses qui ne cessent de se dérouler aux yeux des voyageurs: il faut faire 13 kilomètres pour atteindre la Baraque et 10 kilomètres encore avant d'arriver à Samré, où il y a une auberge; le reste du chemin, qui n'est malheureusement que de 7 kilomètres, est des plus pittoresques et descend en pente douce jusqu'à la Roche.

Deux stations encore, Bovigny et Gouvy, et nous entrerons dans le Grand-Duché en passant par un tunnel qui lui sert de porte. De Bovigny ou de Gouvy, au choix, on se rend à Houffalize; mais de Bovigny il y a une malle-poste. Les deux routes se réunissent en une seule à Chérain, où l'on peut prendre pied à terre. Tout le trajet, d'une part comme de l'autre, jusqu'à Houffalize, est d'une quinzaine de kilomètres. Le pays a un aspect quelque peu monotone, c'est une nature âpre et sévère, mais en approchant de l'Ourthe on se retrouve au milieu des sites les plus variés.

Houffalize est une véritable ville, étagée sur une pente qui longe la rivière, et possède deux hôtels parfaitement bien tenus: l'hôtel des Ardennes et l'hôtel du Luxembourg.

Tout au haut d'un roc escarpé, vers le sud, se voient les restes d'une construction du IXe siècle, désignée sous le nom de „Vieux Château,“ et dans laquelle on a même découvert des médailles gauloises. Il faut remonter un peu la route de Bastogne pour contempler la vue générale, fort intéressante, que présente la ville avec ces ruines à gauche et la vallée à droite.

On peut se diriger d'ici vers les Deux-Ourthes et gagner la Roche par l'itinéraire que nous avons indiqué précédemment. On peut aussi aller à Bastogne par une route de 18 kilomètres, assez peu variée, mais qu'il est permis de faire en malle-poste. Enfin on va d'Houffalize réjoindre le chemin de fer de Spa à Luxembourg, soit à Trois-Vierges, soit à Maulusmuhle. Ce dernier itinéraire engagera à passer à côté du château de Tavigny, situé dans un ravin gracieux au milieu de bouquets de bois, et à visiter près de Buret, où l'on quitte le territoire belge, le souterrain destiné au fameux canal de Meuse et Moselle. Ce canal, qui devait avoir 263 kilomètres de longueur et 150 écluses, avait déjà coûté 3 millions de francs lorsque la révolution belge de 1830 en fit interrompre et puis abandonner pour toujours la construction.

Au-delà de la frontière belge, on traverse une crête de landes arides où se découvrent, çà et là, des ruines de villages dont on ne se rappelle que les noms, sans qu'ils aient laissé de traces dans l'histoire.

La partie nord du Grand-Duché, qui nous apparaît d'une façon agréable quand nous venons des hauteurs de l'Ardenne belge, fait l'effet contraire lorsqu'on la compare aux régions du midi. Le pays n'en est pas moins, de toute façon, admirable pour les artistes, et les vallées de la Wolz, de la Wilz et de la Sûre, que suit le chemin de fer jusqu'à Ettelbrück, sont parmi les plus belles que l'on puisse citer.

L'établissement de la voie ferrée sur ce parcours a exigé des travaux d'art qui font penser à la Vesdre, mais les vues ont plus de caractère et l'ensemble a plus de grandeur.

En somme, l'Oesling ou l'Eisling, la „Sibérie luxembourgeoise," comme l'appellent les habitants du Grand-Duché, est digne de toute l'attention des touristes.

Les paysans de l'Oesling ont quelque chose de l'indépendance et de la vivacité des montagnards de tous les pays. Ils firent leur guerre de chouans dans les premières années de la domination française, après la prise de Luxembourg arrivée le 10 juin 1795. En 1798 surtout, l'insurrection se trouva organisée d'une façon redoutable, bien que la plupart des malheureux paysans n'eussent pour toutes armes que des fourches et des bâtons, d'où le nom devenu historique de Kleppelsarmee „armée de bâtons." Ce fut en tout point une reproduction de l'insurrection de la Vendée. Ecrasés enfin dans plusieurs rencontres, les insurgés se rendirent, et leurs principaux chefs, au nombre de vingt, furent fusillés à Luxembourg, le 26 février 1799.

Reprenons maintenant notre itinéraire à partir de la première station du Grand-Duché, qui est Trois-Vierges. Ce nom bizarre provient, dit-on, d'un temple dédié aux trois parques, temple que les premiers apôtres du christianisme consacrèrent, après l'avoir purifié, aux trois Marie.

Des vallons verts et des collines mamelonnées nous accompagnent jusqu'à Maulusmuhle, village insignifiant, mais où tout touriste descend pour se rendre à pied à Clervaux par une pente sinueuse à travers les arbres. Clervaux est en effet trop intéressant à tous égards pour qu'on se borne à le regarder de la station, établie d'ailleurs au débouché d'un tunnel qui s'écarte forcément de la ville.

Le château, qui a passé de la famille Lannoy à la famille de Tornaco, et de celle-ci à la famille de Berlaimont, est bâti sur un rocher, à l'angle aigu d'une sinuosité de la vallée de la Wolz.

La ville est au pied du rocher, et dans un véritable entonnoir formé par des montagnes boisées. C'est un des sites les plus curieux du Grand-Duché de Luxembourg. L'industrie des habitants consiste en tanneries et en fabriques de draps. Quant à l'intérieur du château, il a été modernisé: on y voit une assez belle galerie de tableaux parmi lesquels s'en trouve un, passablement confus, qui représente François Ier rendant son épée à Lannoy.

Le parc seigneurial fut le théâtre de la dernière bataille de la „Kleppelsarmee“ qui, cette fois, ne fit pas simplement usage de bâtons. Les plus adroits tireurs de l'Oesling, embusqués dans un défilé, tinrent longtemps en échec les troupes républicaines.

Ce fut presque une victoire. Mais dans le même temps la bataille d'Arsfeld donnait aux Français un succès définitif.

N'oublions pas de citer à Clervaux l'hôtel de M. Kœner; pour les excursionnistes qui voudraient se rendre à Vianden, il y a l'hôtel de M. Hippert, à Hosingen, qui offre une étape favorable.

Les stations suivantes sont celles de Wilwerwiltz et de Kautenbach. Entre ces deux localités, on voit à gauche les belles ruines du château de Schiebourg. On descend à Kautenbach si l'on veut se rendre en omnibus à Wiltz par la nouvelle route. Entre Gœbelsmühle et Ettelbrück on admire, sur la gauche, les ruines imposantes et sauvages du château de Bourscheid, au-dessous duquel on ne tarde pas à passer en tunnel, pour le retrouver, à la sortie et sur la droite, d'un aspect tout différent.

Quelques instants avant d'atteindre Ettelbrück, nous entrons dans la vallée de la Sûre, et tout change d'aspect: les collines offrent d'autres contours, les arbres ne sont plus les mêmes. De magnifiques plaines, bornées par de gracieuses déclivités et coupées par des lignes de peupliers, s'étendent de chaque côté.

Ettelbrück, dont le nom signifie d'après les étymologistes „pont d'Attila“ est au confluent de l'Alzette et de la Warck qui, réunies, vont se jeter un peu plus loin dans la Sûre. Grâce à cette heureuse situation, Ettelbrück est devenu le chef-lieu commercial de l'Oesling. L'hôtel de M. Herckmans est de tout point recommandable.

Un embranchement du chemin de fer, qui n'est plus aujourd'hui une impasse, conduit en dix minutes à Diekirch, autre nom précieux pour les étymologistes qui n'ont pas manqué d'y voir le „temple de Dido,“ divinité scandinave. Il n'en est pas moins vrai que ces lieux renferment des vestiges d'une foule d'antiquités, mêmes antérieures à la domination romaine. Du Herrenberg, qui domine la ville et l'abrite des vents du nord, la vue est magnifique.

Diekirch est une petite ville élégante, coquette, paisible, renfermant de belles habitations, des villas et une jolie promenade bordée de tilleuls. C'est un peu l'aspect de Spa. Cette localité semble désignée aux touristes comme l'étape la plus favorable et comme le centre de promenades charmantes à Vianden, à Brandenbourg, à Bourscheid, à Larochette, pour lesquelles on se procure à Diekirch d'excellentes voitures à des prix modérés.

On est très-confortablement installé à l'hôtel des Ardennes, chez M. Heck, au prix de 5 francs par jour; un établissement de bains, situé sur la Sûre, est annexé à l'hôtel. On loge aussi chez M. Kohn, en face de la gare.

La nouvelle voie ferrée „Prince Henri“ qui continue celle d'Ettelbrück à Diekirch, se dirige vers Wasserbillig en passant par Echternach et en longeant les bords de la Sûre; ce qui facilite beaucoup les excursions à Beaufort et au

Müllerthal. On peut s'arrêter aux stations de Bettendorff, de Reisdorff, de Bollendorff, d'Echternach et bientôt à celles de Rosport, de Born et de Wasserbillig : cette partie du chemin de fer [1]) est en ce moment fort avancée et ne tardera pas à rejoindre la ligne de Luxembourg à Trèves.

Continuons pour le moment notre première voie jusqu'à Luxembourg. La première station à partir d'Ettelbrück est Berg-Colmar, dont le château domine le confluent de l'Alzette et de l'Attert ; les jardins s'élèvent en amphithéâtre au-dessus de la vallée. Ce château appartient au prince Henri d'Orange-Nassau qui l'a fait disposer et meubler comme il l'était au XVe siècle. Il mérite d'être visité, et les Hollandais qui viennent dans le Grand-Duché en font le but d'une promenade spéciale.

Nous laissons Cruchten sur la gauche et nous ne tardons pas à apercevoir sur la droite le beau village de Mersch, au double confluent de l'Eisch et de la Mamer avec l'Alzette : ce qui le désigne naturellement comme un centre d'excursions. On logera convenablement à l'hôtel de la petite Croix d'or.

En remontant le vallon de la Mamer sur une longueur de 3 kilomètres, par le chemin de Kopstal, on se trouve devant le château de Schœnfels, qui a toute la physionomie des plus beaux donjons du moyen-âge. A 2 kilomètres à l'ouest, entre l'Eisch et une montagne de rocher calcaire, est le monastère de Marienthal, dont les ruines occupent également un emplacement fort pittoresque. Un peu plus loin, sur l'Eisch, le château de Hollenfelz dont la façade a été modernisée, s'élève avec majesté sur un rocher vertical sillonné de crevasses béantes. Enfin on peut continuer à remonter ce charmant vallon jusqu'à Septfontaines ou Simmern,

[1]) Au moment de la mise sous presse de ces pages, la ligne du réseau „Prince Henri“ est en exploitation.

qui est à une douzaine de kilomètres en comptant les détours. Le château qui domine le village porte encore les traces de l'incendie qui l'a détruit à la fin du siècle dernier ; l'église, le cimetière, les habitations, tout a un air de vétusté qui fera tressaillir d'aise les artistes.

D'autre part, Mersch est la station la plus favorable pour aller à Larochette ou Fels ; aux piétons cependant nous conseillerions de prendre Cruchten pour point de départ : les 9 kilomètres du premier trajet seraient alors réduits de moitié, mais le chemin serait un peu plus difficile. Larochette est sur l'Ernz blanche ou Haute-Ernz ; l'ensemble de la ville, formant en quelque sorte deux étages, avec la roche escarpée qui la surplombe et les magnifiques ruines qui s'élèvent à la cime, a un caractère remarquable de grandeur et de poésie. On pourra loger parfaitement à l'hôtel de M. Knaff, et se diriger ensuite sur Echternach en visitant les bords de l'Ernz noire.

Entre Mersch et Larochette est le château de Meysembourg, que le prince d'Arenberg a acheté à M. Reuter de Heddesdorff ; ce château est un des plus beaux du pays. Les parcs, les pelouses, la pièce d'eau, le château lui-même admirablement situé, tout est du plus grand intérêt. Meysembourg est à 6 kilomètres de Mersch et à 40 minutes environ de Larochette par un chemin réservé qui traverse le domaine.

Le chemin de fer de Mersch à Luxembourg ne compte pas moins de quatre stations intermédiaires, Lintgen, Lorenzweiler, Walferdange et Dommeldange, ce qui en fait 6 sur un parcours de 18 kilomètres. Mais aussi cette vallée de l'Alzette est des plus populeuses, des plus animées par l'industrie. Combien ce pays est différent de celui du nord que nous traversions tantôt !

Le pittoresque y perd un peu, et pourtant il n'y a

rien de plus agréable à voir que ces larges prairies d'un vert tendre et ces gracieux coteaux couverts de bosquets et parsemés de villages. C'est bien „la douce vallée de Mersch.“

En approchant de Luxembourg la vallée se resserre, les coteaux se redressent et l'on voit les rochers grandir à vue d'œil. Ces rochers s'arrondissent en bastions, menacent les routes et semblent des fortifications naturelles inexpugnables.

On pourrait dire ici que l'art des fortifications a été une imitation de la nature. Aussi est-ce bien en vain que les puissances ont résolu de faire démanteler Luxembourg. On s'est plaint pendant longtemps que les démolitions n'avançaient pas. Lors de la guerre de 1870, on s'y est mis avec activité, mais elles ne se feront jamais complètement et elles ne peuvent se faire. On ne démolit pas des rochers. Et s'il était possible de combler ces profonds encaissements des villes basses, les artistes mêmes y perdraient; Luxembourg n'aurait plus de caractère spécial. Il a été pratiqué cependant de larges ouvertures qui donnent de l'air et du jour à la ville haute, et, sur les terrains qui longent les rues ainsi prolongées, s'élèvent de belles et grandes constructions. Une partie de l'emplacement des anciennes fortifications a été convertie en parcs et en boulevards; l'administration a consulté des architectes de Bruxelles et de Paris, et l'on a eu soin de ménager les admirables perspectives que donne la situation de la ville. Aujourd'hui le Grand-Duché a sa neutralité garantie par le traité de Londres du 10 mai 1867, et, ce qui vaut mieux peut-être, la convention de Berlin, du 11 juin 1872, en abandonnant au gouvernement allemand l'exploitation des chemins de fer sur ce territoire, a consacré l'union douanière du Grand-Duché avec l'Allemagne et renoncé explicitement à toute annexion politique. Cette situation exceptionnelle et privilégiée est admise pour toute la durée de la concession des chemins de fer, c'est-à-dire jusqu'en 1912, long espace dans la vie des peuples.

La forteresse n'est plus aujourd'hui pour nous qu'un objet de curiosité. Cette ville, naguère détestée par les touristes, est digne aujourd'hui de les attirer. Nous pourrons y séjourner à l'hôtel de Cologne, le meilleur des cinq ou six hôtels qui sont à recommander, et toujours parfaitement tenu par M. Wurth-Fendius.

Malgré l'importance de la forteresse, qui, selon les stratégistes, ne le cédait qu'à Gibraltar, malgré l'accumulation de tous les systèmes de défense du moyen-âge et des temps modernes, malgré les sommes fabuleuses qu'on y avait consacrées et les 54,000 francs que cela coûtait encore annuellement, Luxembourg, comme toutes les places de ce genre, fut pris et repris bien des fois. Aussi les monuments anciens ont-ils tous disparu. L'architecture, tant civile que religieuse, n'a rien de caractéristique. Les artistes se dédommageront en contemplant les perspectives que l'on a aujourd'hui du chemin de fer même, et les archéologues en visitant le musée archéologique où la „Société pour la conservation des anciens monuments" a réuni, depuis 1845, une foule d'antiquités infiniment précieuses, recueillies dans le Grand-Duché. N'oublions pas le magnifique musée de peinture et d'objets d'art dont M. Jean-Pierre Pescatore a gratifié sa ville natale.

Le chemin de fer de Luxembourg à Arlon et celui de Luxembourg à Trèves présentent sur leurs parcours, relativement peu étendus une foule de stations aussi rapprochées les unes des autres que celles du chemin de fer de Mersch. C'est l'indice de la prospérité commerciale et industrielle que nous avons déjà signalée. D'un côté il y a Bertrange, Mamer, Capellen, Bettange ou Bettingen, Sterpenich et Arlon; de l'autre, Oetrange, Roodt, Wecker, Mertert, Wasserbillig, Conz et Trèves. On délivre à Luxembourg des coupons d'aller et retour pour toutes les stations du Grand-Duché. On se procurera également des voitures particulières à l'hôtel de Cologne. Les Luxembourgeois aiment ce moyen de locomotion, dont le prix, à cause de la concurrence, est peu élevé. Il n'est même pas rare de rencontrer de ces voitures qui s'en retournent à vide, et dont on peut alors profiter pour un prix minime.

En dehors du parcours des chemins de fer nous avons à signaler l'itinéraire d'Arlon à Bastogne par Redange, Grosbous, Esch sur la Sûre et Wiltz: ce qui ne prendra guère que trois jours et n'obligera à coucher que deux nuits à l'auberge, la première à Redange et la seconde à Wiltz.

Arrivé à Arlon et après vous y être restauré, dirigez-vous immédiatement au N. N. E. sur Oberpallen, premier village au-delà de la frontière, où les Arlonais vont, en manière de promenade, boire du vin de Moselle sans payer de droits.

Vous êtes ici à l'entrée de la vallé de l'Attert, aimable et pittoresque, et vous atteignez, presque sans vous en apercevoir, par une route charmante, le village de Redange ou Redingen, où vous logez fort bien chez M. Carels. Vous avez fait une douzaine de kilomètres. Le lendemain vous allez à Grosbous et de là à Eschdorff: le pays est toujours gracieux et riant. A Eschdorff vous abandonnez la route ordinaire pour prendre à gauche et arriver par les hauteurs à Esch sur la Sûre ou comme on aime à le surnommer chez nos voisins, à Esch le Trou. La vue est saisissante, et ne ressemble à rien de ce qu'on voit ailleurs. C'est comme un immense cratère dont les parois grisâtres sont à peine couvertes de maigres broussailles, et au fond duquel se montre un fouillis de ruines sombres. Autour de ces ruines s'étagent quelques misérables habitations, et tout au fond coule un bout de rivière, qui est la Sûre.

Descendez vers ces habitations, où, par parenthèse, vous aurez peine à trouver un pied à terre recommandable, et traversez le pont pour contempler d'en bas cet étrange spectacle.

Esch est dans une gorge tellement encaissée qu'il a fallu construire un tunnel pour en faciliter l'accès.

Passez donc ce tunnel et suivez la route jusqu'à Wiltz, où vous aurez un excellent gîte chez M. Netzer, à l'hôtel des Ardennes. Cette journée est forte, elle est de 30 kilomètres avec les détours. La ville de Wiltz est célèbre par ses tanneries et ses manufactures de draps; mais sa situation, quoique fort gaie et fort ouverte, offre peu d'attrait à l'artiste.

De Wiltz on se rend le surlendemain à Bastogne: route de 22 kilomètres, que l'on peut faire en malle-poste, ce qui permet d'apprécier la différence entre l'Ardenne du Grand-Duché et l'Ardenne belge. Bastogne est pourtant un paradis en comparaison du pays qui l'environne, et il porte bien son nom de „Paris en Ardenne". Il y a deux hôtels sur la place du carré, celui de Mme veuve Collin et celui de M. Mathurin: on est assez bien à l'un comme à l'autre. Le chemin de fer du Luxembourg a du reste un embranchement qui mène de Libramont à Bastogne et qui offre toute facilité pour le retour.

Mais de Wiltz à Clervaux il n'y a que 16 kilomètres, que l'on raccourcit encore de moitié en rejoignant le chemin de fer de Spa, comme nous l'avons déjà dit, à Kautenbach ou à Wilwerwiltz. Nous voici donc revenus à l'itinéraire que nous avons mentionné tantôt, le véritable itinéraire des touristes qui veulent aller à Vianden.

On quitte Clervaux par un chemin en tire-bouchon, coupé dans la montagne en face du château, on passe à Marbourg et l'on arrive sur un plateau où l'horizon est immense.

Hosingen, situé sur ce plateau, est à deux heures de marche de Clervaux, et à quatre heures de Vianden. On loge chez M. Hippert, auberge assez recommandable, et le lendemain on continue à suivre, au-delà de Hosingen, vers le sud, la route de Diekirch, jusqu'à la première traverse à gauche qui se rapproche de la vallée de l'Our. Les panoramas deviennent de plus en plus beaux: c'est un labyrinthe de mamelons, de crêtes et de ravins, au-dessus desquels se déroule un horizon sans bornes. De temps à autre s'ouvre, aux côtés mêmes du voyageur, une gorge dont le fond, tapissé de vertes prairies, est sillonné de minces cours d'eau semblables à des lames d'argent. Dans une de ces gorges surgissent d'une manière inattendue les tours et les pignons sans toits du château de Vianden.

On descend pendant quelque temps une côte escarpée, et l'on pénètre dans une ancienne petite ville toute caractéristique, pleine de jolies maisons du XVIIe siècle, et dominée par les ruines que nous apercevions tout-à-l'heure à nos pieds. Un pont sur l'Our relie l'ancienne ville à une nouvelle qui s'étend à gauche de la rivière.

C'est là que se trouve l'hôtel du Luxembourg tenu maintenant par M. Conter-Pauly, qui avait précédemment l'hôtel Egon à Neufchâteau, où sa réputation était faite depuis longtemps.

Nous ne nous dissimulons pas que la plupart des excursionnistes préfèreront aller à Vianden par le chemin de fer jusqu'à Diekirch: c'est en effet la route la plus commode et la plus rapide, et en outre la vue des ruines prise de ce côté est magique: c'est un vrai décor de théâtre. Mais nous voici à Vianden; et il importe d'en décrire les beautés; le lieu même et les environs sont riches en merveilles de tout genre. Le château d'abord demande un examen minutieux.

Ce fut la première demeure de la maison Royale

d'Orange-Nassau dans les Pays-Bas, et l'on voit dans l'église de Vianden le tombeau d'un des membres de cette famille.

Néanmoins le roi Guillaume Ier le vendit, en 1818, à un spéculateur qui en arracha tout ce qu'il put, et qui se dessaisit ensuite, pour 3000 francs, des murailles nues, dont le roi, poussé par une sorte de remords, reprit alors possession. Il appartient aujourd'hui au Prince Henri d'Orange-Nassau, qui a racheté toutes les anciennes propriétés de ses ancêtres dans le Grand-Duché. La chapelle a été restaurée en partie, et cette restauration a donné lieu à une discussion piquante entre l'architecte qui en était chargé et le plus intelligent admirateur de ces ruines, M. Victor Hugo.

Un double charme attire le visiteur. Le château est d'un aspect à la fois imposant et pittoresque, et des terrasses qui le bordent on jouit des plus belles perspectives sur la vallée de l'Our. A l'intérieur la salle des chevaliers, le vestibule avec ses dépendances, les prisons, la chapelle surtout, admirable petit édifice de style roman et à deux étages, sont pour l'archéologue un fécond sujet d'études.

En sortant du château il faut prendre à droite le chemin qui conduit dans la montagne à la chapelle de Bildchen, lieu de pélerinage des femmes mariées.

Après avoir contemplé de là le vallon de l'Our et les ruines de Falkenstein dans le lointain, on descend à gauche le chemin derrière la chapelle, jusqu'au fond de la gorge voisine et l'on revient le long de l'eau jusqu'au pont de Vianden.

C'est une première promenade, exigeant une demi-journée. En voici une autre à peu prèsde la même longueur. En quittant l'hôtel, tournez à gauche, et suivez le chemin qui conduit en zigzag à la ferme de Scheuerhoff. Dirigez-vous sur cette ferme et prenez ensuite, à gauche encore, de manière à atteindre le magnifique bois de chênes de Kammerwald. La promenade dans ces bois est ravissante. Au sortir du bois vous avez un petit sentier à gauche qui aboutit à la crête des montagnes, d'où vous voyez l'Our avec le château de Roth d'un côté, et de l'autre le château de Vianden. Le sentier coupe à travers les vignes et les jardins et vous descend enfin à l'entrée de la ville.

Une troisième promenade que l'on ne peut manquer de faire et qui demandera environ quatre heures de marche est celle de Falkenstein. Reprenez la route de Scheuerhoff et continuez dans la direction de l'arbre isolé de Bauler-Kleis, où vous aurez devant les yeux un panorama des plus étendus; gagnez ensuite le village même de Bauler, et traversez-le. Un peu plus loin se présentera un sentier à gauche, sur les hauteurs, qui vous conduira au-dessus de Falkenstein et vous permettra de dominer les ruines. Descendez alors le sentier escarpé qui mène aux ruines mêmes, encore habitées par une parente de l'ancien propriétaire, le comte de la Gardelle. Toutefois le château, vu de près, n'a rien de curieux, d'autant moins qu'une maison bâtie à côté le dépare. Descendez vers la rivière, prenez le passage d'eau, et revenez par le village de Bivels en suivant la rive droite.

Il nous reste à décrire deux excursions, d'une journée chacune, qui sont parmi les plus belles que l'on puisse faire dans le Grand-Duché. Nous voulons parler de Bourscheid, au sud-ouest, et de Beaufort, au sud-est de Vianden. On trouvera à louer à cet effet des voitures pouvant contenir trois personnes au plus. Des voitures plus spacieuses ne se rencontrent qu'à Diekirch. Il va sans dire que la promenade peut se faire encore bien mieux à pied, surtout la première.

Pour aller en voiture à Bourscheid, on suit la route de Diekirch jusqu'au-delà de Tandel, puis on prend à droite vers Bastendorf, situé dans un joli vallon, très-riant, arrosé par la Blees qui se jette dans la Sûre. On longe la Blees jusqu'aux ruines de Brandenbourg, on traverse le village, passe devant l'église, et au-delà du pont, près d'un bois de sapins, on quitte la voiture pour gravir à pied le chemin qui se montre sur la droite.

Vous poursuivez votre route en prenant la petite chaussée à gauche, où se trouve une chapelle, et vous descendez à Michelau. C'est un village, mais il n'est pas certain que vous y trouviez tout ce qu'il faut; il est prudent de porter sur soi ses provisions, afin de déjeûner dans les ruines de Bourscheid où vous ne tardez pas à arriver. Comme toujours, la vue est plus belle de loin que de près. Ce sont les promenades dans le vallon, le long de la Sûre, qui sont charmantes.

Bourscheid est admirablement situé sur une montagne presque isolée, traversée aujourd'hui par un tunnel du chemin de fer. Il est pourtant moins aisé de s'y rendre de l'une des stations les plus proches à cause de l'absence de toute voie de communication, que de la manière que nous venons d'indiquer.

Quant aux piétons, ils feront cette excursion en remontant la rue de Vianden, en suivant ensuite la route de Putscheid, et, après avoir passé un petit bois, en prenant le sentier qui monte à gauche vers Walsdorff.

Il faut alors demander le chemin de Brandenbourg, qui traverse un vallon, remonte un bois et redescend vers les ruines de Brandenbourg par un sentier qui les domine. Le reste appartient au précédent itinéraire, mais cette première partie de l'excursion n'est pas toujours aisée, et il est utile de se munir d'une boussole après s'être enquis préalablement de la direction à prendre.

Voyons maintenant l'excursion à Beaufort et à l'Ernz noire. Partez de bon matin, vers 6 ou 7 heures, et suivez la rive gauche de l'Our, par Roth, jusqu'à Wallendorff qui est en face du confluent de l'Our et de la Sûre. Toute cette route n'est qu'une allée de jardin. Continuez alors par la rive gauche de la Sûre, qui s'est substituée à l'Our. En face de Dillingen est un gué que vous passez en voiture : puis commence la promenade à pied. Donnez ordre au cocher d'aller vous attendre à Grundhof, sur l'Ernz noire, à 4 heures.

Vous montez un sentier qui mène à un bois que vous traversez ; vous arrivez par une clairière à un petit pont jeté sur un ruisseau, au-delà duquel vous prenez à droite par un chemin de campagne. La vue qui se présente à vos yeux est superbe. Vous êtes sur le plateau qui sépare la Haute-Ernz de l'Ernz noire. Le clocher de Beaufort se détache au loin sur les rochers noirs et fantastiques qui ont fourni un qualificatif à la rivière voisine, et par-dessus ces rochers brille le petit village de Berdorf.

Le château de Beaufort est une ruine mieux conservée que celle de Vianden, mais moins intéressante. Les constructions, en pierre jaune et sablonneuse, ne datent guère que du XVIe siècle. L'aspect du château est seul imposant, et sa situation est remarquable. Le vallon qu'il occupe et qui conduit à l'Ernz noire est bordé de rochers ronds, semblables à une suite de tourelles et de contre-forts surmontés d'une riche végétation.

C'est ce vallon qu'il faut suivre, en se maintenant au fond, le long du ruisseau, sans s'aventurer à prendre les sentiers qui remontent. Au bout d'une demi-heure de marche, on se trouve dans un site des plus sauvages, des plus tourmentés, solitaire, imposant, bizarre, indescriptible. Vous arrivez enfin à une magnifique prairie où vous rencontrez l'Ernz, dont vous descendez le cours sur la rive gauche. Au bout de trois quarts d'heure environ le sentier vous oblige à gravir la côte et vous atteignez la grand'route de Beaufort à Grundhof.

Toute cette excr sion, depuis l'ouverture du chemin de fer „Prince Henri," ne concerne vraiment plus que les touristes dilettantes, et ceux-là mêmes profiteront évidemment du chemin de fer pour retourner à Vianden par Diekirch. Pour les voyageurs qui continueront vers Trèves, il y a à visiter Bollendorff, sur la rive prussienne de la Sûre, et surtout Echternach.

Une ville assez grande et bien bâtie, quoique ancienne et même un peu rustique; deux églises romanes fort curieuses; des halles aux arcades gothiques avec des tourillons sur les angles; puis des maisons neuves construites dans un style pseudo-roman de très-bon goût: tel est l'aspect d'Echternach.

Tout le monde a entendu parler de la fameuse procession d'Echternach dont l'origine est inconnue et qui s'est perpétuée jusqu'aujourd'hui, à telles enseignes qu'elle attire encore chaque année, le mardi de la Pentecôte, huit à dix mille pélerins. Rien de plus ébouriffant que cette foule immense exécutant en cadence sa marche ou plutôt sa danse traditionnelle qui consiste, comme on sait, à faire quatre pas en avant suivis de trois pas en arrière, et à parcourir de la sorte une étendue de 1,200 mètres, du pont de la Sûre à l'église.

On loge convenablement à Echternach chez M. Fœhr à l'hôtel du Cerf.

LE GRAND-DUCHÉ DE LUXEMBOURG AU POINT DE VUE GÉOGRAPHIQUE.

Le Grand-Duché de Luxembourg embrasse une superficie de 2587,45 kilomètres carrés.

Le Luxembourg est un pays montueux qui ne présente

nulle part des plaines de quelque étendue. Par contre, il renferme un grand nombre de magnifiques vallées parmi lesquelles celles de Diekirch, Rœser, Mersch, les vallées de la Moselle, d'Ettelbrück et d'Echternach figurent au premier rang. La partie centrale, occupée par une accumulation de roches puissantes de grès et de lias, présente un sol très-accidenté. Les hauteurs, brusquement coupées en plateaux, sont cernées par d'énormes blocs de rochers ruiniformes. Les riantes prairies et les riches champs des vallées voisines contrastent d'une manière assez singulière avec la sombre ceinture des forêts de chênes et de hêtres qui tapissent les flancs des montagnes environnantes. Les plateaux, autrefois couverts de hautes futaies, sont aujourd'hui en grande partie cultivés; on y rencontre encore, de distance en distance, des bruyères, des champs incultes, des côtes arides et rocailleuses. La partie du pays formée par les terrains triasiques, quoique moins accidentée, n'en est pas moins pittoresque. Les montagnes les plus élevées sont, en général, à pentes plus douces et à sommets plus arrondis; les vallées plus étendues, d'un aspect plus agréable et d'une plus grande fertilité. Le sol y est plus productif et le climat plus doux.

Les montagnes du Luxembourg se relient à la chaîne des Ardennes et des Vosges.

Le noyau des Ardennes se trouve dans le Luxembourg belge, où les sources de la Sûre, de l'Ourthe et de la Lesse tracent la limite entre le bassin du Rhin et celui de la Meuse.

De là trois chaînes se ramifient à travers le Grand-Duché, qu'elles accidentent en tout sens et dont l'une franchissant la frontière du côté de la Prusse, va rattacher, près de Saint-Vith, le système des Ardennes à celui de l'Eifel.

La partie nord et nord-ouest du Grand-Duché se compose d'un vaste plateau hérissé de montagnes. Des rochers à pic d'un bleu grisâtre, et dont la hauteur dépasse souvent de 150 mètres le niveau des rivières qui coulent à leur pied, terminent brusquement les pentes des montagnes. De vastes forêts, dont les arbres sont le plus souvent rabougris, et des landes couvertes de genêts et de bruyères tapissent les flancs de ces montagnes et les sommets des plateaux; mais l'uniformité de ce paysage est rompue de temps en temps par des ravins profonds qui, faisant diversion à la triste monotonie d'un sol inculte, vous introduisent comme par enchantement sur les scènes les plus riches et les plus grandioses que la nature agreste puisse créer. C'est ainsi que les vallées de la Sûre, de l'Our et des deux Ernz offrent des vues qui rivalisent de beauté avec les plus célèbres sites des bords du Rhin.

Le Midi du pays n'a point les plateaux qui caractérisent le nord; c'est, au contraire, une région où des vallées spacieuses et parfaitement cultivées alternent avec des montagnes isolées, de forme conique.

Le point culminant de ces hauteurs est le mont Saint-Jean, dans le canton d'Esch, tout près de la frontière française. Cependant son sommet n'atteint pas 2,000 mètres.

Le pays presque tout entier est baigné par la Moselle, et en partie aussi par la Chiers qui, prenant sa source dans le sud-ouest, en traverse quelques vallées, puis après un cours d'environ 2 lieues passe la frontière, et, se dirigeant par le Luxembourg belge vers la France, va rejoindre la Meuse non loin de Sedan. La Moselle forme la limite S E du Grand-Duché, en le côtoyant sur un parcours de 8 lieues, depuis Schengen jusqu'à Wasserbillig. Elle baigne Remich, Stadtbredimus, Ehnen, Wormeldange, Ahn, Machthum, Grevenmacher et Mertert.

Le cours d'eau principal du Grand-Duché, la rivière essentiellement luxembourgeoise, c'est la Sûre (Sauer).

Originaire des Ardennes du Luxembourg belge, à 4 lieues à peu près de la frontière, elle entre près de Martelange sur le sol du Grand-Duché, et après avoir baigné la localité d'Esch (le Trou), elle va grossir ses eaux à Ettelbrück de celles de l'Alzette. Les contrées qu'elle parcourt sont vraiment intéressantes et dignes de la visite du touriste. Tantôt romantiques, tantôt sauvages, elles lui offrent dans une longue vallée, profondément encaissée entre des rochers à pic, des variations de sites, des surprises de coup d'œil qui, depuis la frontière Ouest jusqu'à la frontière Est, ne lui font pas un seul instant défaut.

L'affluent principal de la Sûre est l'Alzette, aux bords fertiles et riants, dont la source est en France, non loin de la frontière luxembourgeoise. Elle serpente d'abord à travers les plantureuses prairies de la vallée de Rœser, et baigne sur son passage les villages d'Esch, Schifflange, Hüncherange, Fennange, Bettembourg, Livange, Rœser, Fentange, Hesperange, la Schleifmühl ; enlaçant ensuite, comme d'une ceinture, la forteresse de Luxembourg, elle continue son cours, souvent impétueux et à pleins bords, par la vallée de Mersch, aussi riche et aussi riante que celle qu'elle vient de quitter. Enfin, après avoir côtoyé ou parcouru les localités d'Eich, Dommeldange, Beggen, Walferdange, Steinsel, Hünsdorf, Prettingen, Gosseldange, Mersch, Pettingen, Essingen, Cruchten et Ettelbrück, elle va porter le tribut de ses ondes à celles de la Sûre, dont elle est la rivale.

Car si la Sûre offre au voyageur un choix de paysages d'une beauté agreste et sublime, l'Alzette, par contre, étale sur ses deux rives des sites gais et paisibles, des contrées bénies sous les efforts de l'homme.

L'Our est originaire de la Prusse. Sa source est à une lieue environ au-delà de Saint-Vith. Elle coule du Nord au Midi, forme la frontière N.-E. du Grand-Duché et va rejoindre la Sûre à Wallendorf, après avoir traversé la pittoresque ville de Vianden.

Une rivière plus modeste que les précédentes, mais dont nous ne pouvons nous dispenser de faire une mention spéciale, c'est la Syr, un des affluents de la Moselle, qui, sur le faible parcours de 6 lieues, côtoie une foule de localités riveraines du chemin de fer.

Le climat, en général, est tempéré et salubre, quoique dans les régions montagneuses de l'Ardenne l'atmosphère soit sensiblement plus froide, la neige plus tenace et l'hiver de plus longue durée que dans les vallées de la Moselle et de la Basse-Sûre.

LES PRODUCTIONS DU GRAND-DUCHÉ DE LUXEMBOURG.

Au point de vue de la fertilité, on divise le pays en deux zônes: celle du midi, qu'on appelle le bon pays, et celle du nord, l'Ardenne[1]), vulgairement désignée sous le nom d'Oesling.

Les neuf cantons qui forment ce qu'on appelle le bon pays, occupent plus des deux tiers du territoire entier. Ce sont des contrées riches en céréales et en fruits de toutes espèces; des contrées où, grâce à l'intelligence laborieuse des agriculteurs, les récoltes en blé sont assez abondantes pour qu'on puisse en exporter annuellement pour un million de francs.

Comme la majorité de la population luxembourgeoise s'occupe d'agriculture, il est naturel que les animaux domestiques s'y trouvent en grand nombre. Les chevaux du pays sont estimés, moins pour leur beauté que pour leur constitution robuste. Il s'en fait une exportation assez considérable du côté de la France.

[1]) La partie Nord du Grand-Duché est, comme la province de Luxembourg belge, formée par les Ardennes; c'est ce dernier nom qui nous lui donnons dans le présent traité, la dénomination *„d'Oesling“* n'étant que le nom vulgaire, comme il est dit ci-dessus.

L'élève de la race chevaline, comme celle du bétail en général, est encouragée par la distribution annuelle de primes aux propriétaires qui fournissent les meilleurs sujets.

La race bovine est nombreuse et s'embellit de plus en plus sous l'impulsion tutélaire de l'administration centrale, qui ne recule devant aucun sacrifice pour perfectionner cette partie importante de l'économie rurale.

L'éducation de la race ovine et porcine ne reste pas en arrière. C'est, au contraire, une des branches agricoles que l'Ardennais exerce avec le plus de bonheur. Les jambons et les gigots des Ardennes jouissent d'une réputation répandue au loin.

La statistique de l'année 1874 fournit, par rapport au bétail, les chiffres suivants : chevaux 18,600 ; bêtes à cornes 91,200 ; bêtes à laine 47,900 ; porcs 73,000 ; chèvres 17,000.

Le Luxembourg possède de magnifiques forêts. C'est la beauté de ces forêts qui décida la Convention à donner au pays conquis par la République le nom de département des Forêts. Leur superficie, qui embrasse 28,000 hectares, comprend à peu près le dixième du territoire entier. Une grande partie de ces forêts est aujourd'hui aménagée de manière à servir à la production du tan, dont le pays fait une grande consommation pour ses tanneries, qui sont importantes.

Le chêne et le hêtre en forment l'essence dominante, quoiqu'on y trouve aussi le charme, le bouleau, le saule, le tremble etc. Il est superflu de dire qu'un pays aussi richement doté de forêts que le Grand-Duché, offre de belles et productives distractions au chasseur.

En effet, quoique ces forêts ne soient plus aussi peuplées qu'elles l'étaient il y a un demi-siècle, l'amateur qui sait manier son fusil, ne court pas risque de rentrer chez lui avec une carnassière vide.

Les lièvres et les chevreuils y sont encore nombreux;

les loups et les sangliers, quoique plus rares, n'en fournissent pas moins leur contingent annuel aux exploits des Nemrods luxembourgeois. Poules des bois et poules d'eau, perdreaux, gelinottes, cailles, pigeons et canards sauvages, grives, bécasses et bécassines etc., peuplent les champs et les bois, les bords des rivières et des étangs.

Le sol luxembourgeois renferme, surtout dans le midi, de véritables trésors en minerai de fer. L'extraction de cette matière, dont les gisements sont presque à fleur de terre, se fait avec la plus grande facilité et en quantités telles qu'elles dépassent de beaucoup les besoins d'une douzaine de hauts fourneaux disséminés à la surface du Grand-Duché.

La mine de plomb d'Allerborn et celle d'antimoine argentifère de Gœsdorf (canton de Wiltz) n'ont que peu d'importance, et le filon de cuivre qu'on exploitait pendant le dernier siècle près de Stolzembourg, aux environs de Vianden, est tout à fait abandonné.

Les carrières de pierres du pays sont riches et nombreuses, et les ardoisières de Haut-Martelange très productives.

Par contre, le sel manque entièrement, et c'est la France et la Belgique qui en approvisionnent le Grand-Duché. On fait à cet égard, mais en vain, de longues et dispendieuses recherches dans plusieurs localités du pays.

La métallurgie est dignement représentée dans le pays par les usines d'Esch-sur-l'Alzette, Eich, Dommeldange, Hollerich, Colmar, Steinfort, La Sauvage, Septfontaines (Simmern) et Berbourg.

De nombreuses tanneries, notamment celles de Wiltz, Clervaux, Vianden et Luxembourg, préparent un cuir recherché aux foires les plus considérables de l'étranger; la confection des draps a ses fabriques à Esch-sur-Sûre, Clervaux, Wiltz, Vianden, Echternach, La Rochette (Fels) et surtout à Schleifmühl près Luxembourg, où, en dehors des molletons et des draps grossiers confectionnés dans les autres localités, on fabrique des étoffes fines, auxquelles leur qualité procure d'importants débouchés du côté de l'Allemagne.

Les ganteries de la capitale fournissent des marchandises qui concourent avantageusement avec celles de nos voisins d'outre-Rhin.

Deux faïenceries, dont l'une à Septfontaines (Siwebouren) aux environs de Luxembourg, l'autre à Echternach, jouissent d'une réputation qu'elles méritent à juste titre, notamment la première, dont les produits redoutent peu la concurrence, tant sous le rapport de la pureté que pour l'élégance et le fini.

Les papeteries de Manternach et de Senningen fabriquent des papiers blancs honorablement appréciés des connaisseurs.

Les manufactures de Grevenmacher approvisionnent le pays de cartes à jouer.

La ville de Luxembourg a plusieurs ateliers lithographiques et plusieurs imprimeries. Elle est le siége principal des brasseries et des fabriques de tabac; il y a également beaucoup de distilleries de liqueurs alcooliques dans le Grand-Duché.

Le Luxembourg importe des soieries, des vins, de la marée, des drogueries, des denrées coloniales, des épices, des couleurs et des substances tinctoriales, de l'huile fine, de l'huile à brûler, du tabac en feuilles, des pelleteries, des peaux écrues, surtout du Brésil, des toiles et des draps fins, des articles de luxe, porcelaines, quincailleries etc., ainsi que de l'étain, du cuivre, du soufre et de la houille.

QUELQUES MOTS SUR LA POPULATION ET L'ADMINISTRATION DU GRAND-DUCHÉ.

Le peuple luxembourgeois est de race germanique, d'un caractère franc et conciliant, fidèle à ses souverains, jaloux de sa nationalité et surtout de ses droits politiques, qui sont très-étendus. Le Luxembourgeois parle un dialecte allemand; les classes aisées montrent de la prédilection pour la langue française. Le Gouvernement, les tribunaux, les administrations, les Assemblées législatives parlent habituellement le français, bien que l'usage de la langue allemande leur soit facultatif aux termes de la constitution.

Le Grand-Duché de Luxembourg faisait partie de la Confédération germanique. A la Diète de Francfort, il disposait *d'une* voix dans l'assemblée restreinte et de *trois* dans l'assemblée plénière.

Le roi des Pays-Bas est le souverain héréditaire du pays, ce qui ne veut pas dire que le Luxembourg ait la moindre connexion avec la Hollande. Aux termes du traité de Vienne de 1815, le Luxembourg forme un Etat indépendant, sous le rapport politique aussi bien qu'au point de vue administratif. Il a sa constitution, son gouvernement et son organisation militaire à lui.

Le Grand-Duc actuel est S. M. Guillaume III, roi des Pays-Bas, prince d'Orange-Nassau, né le 19 février 1817 et marié à la princesse Sophie-Frédérique-Mathilde de Wurtemberg.

C'est son père, le roi Guillaume II, qui, comme souverain du Luxembourg, créa le 29 décembre 1841, pour le Grand-Duché, l'ordre de la couronne de chêne. Cet ordre se compose de 5 classes et d'une médaille de mérite. Depuis 1858 (31 mars) l'ordre du Lion d'or de la maison de Nassau est devenu une des décorations du Grand-Duché.

Le Lieutenant du Roi doit toujours être un prince royal de la maison de Nassau. C'est S. A. Monseigneur le Prince Henri des Pays-Bas, frère du roi, qui est actuellement revêtu de cette dignité.

Le palais du Gouvernement et le château de Walferdange sont les résidences habituelles du roi, de son représentant et des membres de la famille royale pendant leur séjour dans le pays.

Le Prince Henri y fait annuellement un séjour de quelques mois.

Le Gouvernement du Grand-Duché a lieu d'être fier de sa constitution, qui peut soutenir la comparaison avec les constitutions les plus libérales de l'Europe.

Elle consacre, entre autres, l'égalité des Luxembourgeois devant la loi ; la liberté individuelle ; l'inviolabilité du domicile ; l'abolition de la peine de mort en matière politique, de la mort civile et de la flétrissure ; la liberté des cultes ; la liberté de la presse ; l'obligation de l'Etat de faire participer tout Luxembourgeois à l'instruction primaire ; le droit d'association etc.

Le Grand-Duc de Luxembourg est majeur à l'âge de 18 ans. La puissance souveraine réside dans sa personne.

Il est seul dépositaire du pouvoir exécutif, il sanctionne et promulgue les lois ; il nomme aux emplois civils et militaires ; il commande la force militaire ; il a le droit de remettre ou de réduire les peines prononcées par les juges ; il a le droit de battre monnaie et de conférer des titres de noblesse ; il confère les ordres civils et militaires.

Les décisions du Roi Grand-Duc doivent être contresignées par un conseiller de la Couronne, responsable, à l'exception des actes ayant pour objet la collation à des étrangers de décorations non destinées à récompenser des services rendus au Grand-Duché.

Le Gouvernement se compose de quatre Directeurs-Généraux, entre lesquels se répartissent les divers services administratifs. L'un de ces fonctionnaires est revêtu de la présidence avec le titre de Ministre d'Etat.

Ils sont chacun responsables des actes concernant leurs départements respectifs. Le pouvoir législatif réside au sein de la Chambre des Députés. L'assentiment de cette assemblée est requis pour toute loi. Le Roi Grand-Duc adresse à l'Assemblée des Etats les propositions ou projets de lois qu'il veut soumettre à son adoption. Elle a le droit de proposer au Roi Grand-Duc des projets de lois.

Pour être électeur ou éligible, il faut :

1° Etre Luxembourgeois de naissance ou naturalisé ;

2° Jouir des droits civils et politiques ;

3° Etre âgé de 25 ans accomplis ;

4° Etre domicilié dans le Grand-Duché, et réunir à ces quatre conditions celles déterminées par la loi ;

5° Payer un cens qui ne peut excéder 30 francs ni être inférieur à 10 francs.

Le mandat de député est incompatible :

1° avec les fonctions de membre du Gouvernement ;

2° avec celles de magistrat du parquet ;

3° avec celles de membre de la Chambre des comptes ;

4° avec celles de commissaire de district ;

5° avec celles de receveur ou d'agent comptable de l'Etat ;

6° avec les fonctions militaires au-dessous du grade de capitaine.

Les fonctionnaires se trouvant dans un cas d'incompatibilité ont le droit d'opter entre le mandat leur confié et leurs fonctions. Il est alloué sur le trésor de l'Etat à chaque député, à titre d'indemnité, une somme de 5 francs par jour de présence ou de déplacement. Ceux qui habitent la ville où se tient la session ne jouissent d'aucune indemnité.

La justice est rendue par deux tribunaux, dont l'un siége à Luxembourg, l'autre à Diekirch. Luxembourg est aussi le siége d'une chambre d'appel et d'une cour de cassation. Chaque canton a sa justice de paix.

C'est le code Napoléon qui sert de base à la législation luxembourgeoise.

A peu d'exceptions près, toute la population du pays est catholique. Le Grand-Duché forme un diocèse placé sous l'autorité de l'Évêque de Luxembourg.

Les établissements d'éducation sont : le séminaire clérical, l'athénée et l'école normale de Luxembourg, les progymnases de Diekirch et d'Echternach etc.

La capitale a organisé en outre une école de musique desservie par quatre professeurs.

AGRICULTURE.

L'industrie agricole est de toutes les industries celle qui a le plus d'importance dans chaque Etat, tant à cause de la nature de ses produits qu'à cause de la valeur des capitaux qu'elle emploie et du nombre de bras qu'elle occupe. Elle présente en outre l'avantage bien apprécié aujourd'hui, qu'au lieu d'attirer les ouvriers sur quelques points, elle fournit du travail sur toute l'étendue du territoire et ne devient ainsi jamais une cause de danger ; elle forme assurément l'élément qui contribue le plus à la prospérité publique.

L'on peut donc se féliciter que l'agriculture du Grand-Duché se trouve en général dans d'excellentes conditions pour se développer. Des chemins de fer et des voies de communication plus nombreuses que celles qui existent partout ailleurs, une position géographique heureuse à portée des grands centres de consommation, des relations avec les pays voisins que les droits d'entrée n'entravent point ou fort peu, une industrie locale suffisante pour assurer un débouché à beaucoup de produits agricoles dont la vente se fait avec le plus d'avantage sur place, des charges publiques non exagérées qui n'atteignent pas le montant de celles que supportent d'autres peuples et ne donnent lieu à aucune exportation de numéraire, un sol qui se prête en grande partie aux cultures les plus variées, voilà les circonstances qui favorisent l'agriculture luxembourgeoise.

La situation s'est encore améliorée pendant les dernières années par le développement des industries qui emploient les produits de la terre comme matières premières, et fournissent les moyens d'en augmenter la production : nos distilleries ont été constamment mieux activées; un établissement qui rappelle les plus considérables de ce genre a été créé et n'a pas cessé d'étendre ses affaires. La recette des droits d'accise sur l'eau-de-vie, sans que l'impôt ait été augmenté, dépasse aujourd'hui le double du chiffre qu'elle atteignait autrefois. Les brasseries acquièrent également tous les jours une plus grande importance et trouvent aussi, comme les distilleries, grâce à la restitution des droits, des débouchés dans les pays qui ne font pas partie du Zollverein. Enfin l'industrie qui, autant qu'une autre, procure en toute saison du travail aux habitants des campagnes, fait augmenter le revenu et la valeur des terres et enrichit les contrées où elle est établie, la fabrication du sucre de betterave a été introduite dans le pays. Cette industrie n'a pas donné jusqu'à présent les résultats qu'on en attendait; la plupart des cultivateurs ont été découragés de la culture de la betterave parce qu'ils n'y ont pas réussi d'abord ; mais on peut attribuer leur échec soit au temps défavorable qui a nui à leurs premiers essais, soit au manque de soins suffisants ou à un défaut d'expérience. Quoi qu'il en soit, en présence du succès obtenu par quelques-uns, des résultats de la dernière récolte, et du rendement en sucre donné par ces betteraves, il est permis d'espérer que l'industrie nouvellement introduite produira dans un avenir prochain les mêmes effets qu'ailleurs, et contribuera surtout au progrès de l'agriculture luxembourgeoise.

Le pays allait encore être doté d'un établissement important de crédit foncier; une loi avait été votée pour en faciliter la création, l'autorisation sollicitée par la société anonyme qui devait s'en charger allait être accordée, lorsque la guerre qui est survenue a forcé les auteurs de ce projet à y renoncer. Mais le mal va être réparé. Par suite de l'exécution entière des statuts de la Banque Internationale, en ce qui concerne la caisse hypothécaire, le Grand-Duché jouira des avantages d'un établissement de crédit foncier qui disposera de fonds suffisants et pourra faire des avances aux propriétaires à des conditions favorables. Les démarches faites par le Gouvernement auprès de la Banque Internationale ont déterminé celle-ci à prendre les mesures nécessaires pour faire attribuer à la caisse hypothécaire les ressources dont elle avait besoin pour remplir sa destination.

L'Etat ne soutient, en général, pas directement les différentes industries par des subsides pécuniaires. Une dérogation à cette règle est presque partout admise dans l'intérêt de l'agriculture, à cause de sa grande utilité et des revenus modérés qu'elle rapporte. Dans le Grand-Duché il en a toujours été de même.

Des progrès ont continué à être faits depuis les derniers temps dans les différentes branches de notre agriculture. Parmi les améliorations auxquelles on a constamment apporté plus d'attention, il faut surtout signaler celles qui résultent de l'extension donnée aux prairies artificielles, de l'augmentation de la quantité de bétail, de l'introduction de races plus perfectionnées, des plantations d'arbres fruitiers et d'arbres forestiers. On ne peut cependant pas se dissimuler que sous différents rapports les pratiques en usage laissent à désirer; dans une grande partie de villages beaucoup d'engrais continuent à se perdre, dont le bon emploi pourrait être une source d'aisance pour des ménages qui se trouvent aujourd'hui dans la gêne ; les prairies naturelles sont généralement l'objet de fort peu de soins, sauf dans les Ardennes ; les travaux entrepris pour tirer parti des eaux fertilisantes sont rares, le curage des cours d'eau et des fosses d'écoulement est négligé, les règlements sur cette partie du service tombent en désuétude, l'assainissement des terrains marécageux n'a guère lieu ; de nombreuses écuries restent dans un état défavorable à la santé du bétail ; des assolements peu rationnels sont souvent adoptés, les façons données à la terre sont incomplètes ou insuffisantes, la destruction des mauvaises herbes est trop négligée, quelquefois au point qu'on serait tenté de croire que les cultivateurs ignorent le mal qu'elles font, lorsqu'on voit des champs entiers couverts de chardons qui ont été respectés par les moissonneurs, comme pour qu'ils puissent répandre au loin leurs semences parvenues à maturité. On doit aussi regretter que dans les Ardennes où les vents du Nord et de l'Est deviennent si souvent funestes aux récoltes, on ne cherche pas à se garantir contre leurs mauvais effets par des abris établis au moyen d'arbres résineux, comme on le fait dans d'autres contrées. La commune de Hosingen a commencé des plantations qui abriteront une partie de son territoire ; elle se propose de les continuer ; le Gouvernement a cru devoir l'encourager par un subside ; l'initiative de cette commune servira d'exemple et provoquera certainement tôt ou tard l'imitation.

L'agriculture du Grand-Duché n'a pas eu trop à souffrir pendant les dernières années, malgré des circonstances et des accidents qui pouvaient devenir pour elle une cause de grandes pertes ; la guerre qui a sévi à nos frontières n'a pas nui à ses intérêts ; la disette des fourrages de 1870, qui se présentait comme pouvant devenir presque une calamité, la pénurie de quelques autres récoltes n'ont pas eu les funestes conséquences qu'on redoutait. Le bétail dont on a dû se défaire a pu se vendre à des prix suffisamment élevés; l'état satisfaisant des affaires en général, la prospérité même de l'industrie du Grand-Duché à laquelle les bras ne manquaient pas, grâce à sa position politique, a profité aux cultivateurs, et leur a permis de traverser un temps difficile mieux qu'on ne pouvait l'espérer. Cela ne s'applique pas aux Ardennes, dans lesquelles une série de récoltes peu abondantes ou chétives ont appauvri la population, dont les ressources et les moyens d'existence sont d'ailleurs plus bornés que dans le reste du pays. La misère a été grande dans les Ardennes au printemps dernier; sans les chemins de fer elle eût été extrême; il a fallu en effet faire venir de l'étranger tous les grains nécessaires à la consommation, ce qui devenait presque impossible, si les transports avaient dû s'effectuer par les routes ordinaires.

L'agriculture a eu particulièrement un grand bonheur en échappant au danger de l'introduction de la peste bovine, qui a cerné en quelque façon le pays le long de toutes ses frontières, et a éclaté dans des villages rapprochés de ses frontières, en Prusse, en France et en Belgique. Ce résultat a été obtenu grâce à la diligence avec laquelle on a agi dès que l'apparition de la maladie a été signalée dans les contrées voisines, à la vigilance du comité permanent de la Commission d'agriculture, au zèle des commissaires de district, des médecins vétérinaires et des agents des autorités communales appelés à concourir à l'exécution des mesures ordonnées, aux soins et à la prudence de tous.

D'autres maladies contagieuses ont cependant apparu parmi le bétail. En 1869 la stomatite aphteuse s'est répandue dans tout le pays, mais elle a disparu bientôt sans faire trop de mal. La gale des moutons, qui avait sévi pendant plusieurs années jusqu'à la fin de 1868 dans beaucoup de troupeaux, a reparu plusieurs fois depuis lors, introduite de l'étranger, mais sans se propager, grâce à la surveillance exercée. La pleuropneumonie exsudative, importée de Belgique, a éclaté aussi à diverses reprises dans quelques étables ; combattue énergiquement, elle n'a pas étendu ses ravages. Malgré tous leurs efforts, les vétérinaires ne réussissent pas à empêcher que le charbon, produit par des causes locales, n'enlève tous les ans un nombre assez considérable de bestiaux.

Les principaux actes législatifs ou administratifs qui concernent les intérêts de l'agriculture, décrétés dans les dernières années, ont pour objet les mesures à prendre pour empêcher l'invasion et la propagation des maladies contagieuses du bétail. C'est d'abord la loi du 5 octobre 1870 qui règle les principes de la matière ; ce sont ensuite les deux arrêtés du 10 novembre 1870 relatifs à l'exécution de la prédite loi. A ceux là se rattachent les arrêtés royaux grand-ducaux ou ministériels portés pour prescrire les mesures à prendre au moment de l'apparition de maladies contagieuses et notamment de la peste bovine. On a aggravé ou restreint les entraves au commerce ou à la circulation du bétail selon les circonstances, en prenant en considération en même temps les dangers de la contagion, l'intérêt général et l'intérêt particulier des propriétaires de bétail.

Le Gouvernement a eu à se prononcer sur la création de nouveaux marchés hebdomadaires ; il a autorisé un marché hebdomadaire à Mondorf et un autre à Bettembourg, de sorte qu'aujourd'hui le nombre des localités qui ont des marchés hebdomadaires s'élève dans ce petit pays à 14. Une seconde foire aux draps et aux laines, ainsi qu'une foire aux cuirs ont été créées à Luxembourg. Aucune des nombreuses demandes ayant pour objet des foires au bétail n'a été accueillie. Comme la Commission d'agriculture et la Chambre de commerce, qui ont été consultées sur chacune de ces demandes, le Gouvernement a pensé que le nombre des foires ne doit pas être augmenté, lorsque celles qui existent suffisent largement pour la vente des produits de l'agriculture, et que plusieurs d'entre elles, auxquelles point de bétail ou fort peu seulement est exposé en vente, ne sont qu'une cause de perte de temps ou de dissipation pour les cultivateurs.

Après ces observations, l'on constate avec satisfaction, en terminant, la grande amélioration qui s'est opérée depuis quelque temps dans le sort des populations rurales ; elles sont mieux nourries, mieux logées, mieux vêtues qu'autrefois, et les cultivateurs ont contracté des habitudes de bien-être inconnues autrefois ; il suffit de pénétrer dans les villages et de parcourir les foires et les marchés pour s'en assurer, si l'on se rappelle quelque peu les temps qui ont précédé les nôtres ; sans doute il y a des souffrances, mais elles sont le résultat des causes qui les produisent toujours ; elles diminueront beaucoup, si les bonnes pratiques agricoles se généralisent.

LOI CONCERNANT L'ORGANISATION MILITAIRE.

Nous, Guillaume III, par la grâce de Dieu, Roi des Pays-Bas, Prince d'Orange-Nassau, Grand-Duc de Luxembourg etc., etc.

Notre Conseil d'Etat entendu ;

De l'assentiment de l'Assemblée des Etats ;

Avons ordonné et ordonnons :

Art. 1er.

La force armée dans le Grand-Duché est formée, outre

NOTE. Nous témoignons publiquement nos remerciments à M. le major München pour l'empressement qu'il a mis à nous fournir des renseignements propres à faire connaître à tous les Luxembourgeois l'organisation détaillée de la force défensive du Grand-Duché de Luxembourg.

le corps de la gendarmerie, d'un bataillon de chasseurs, composé de volontaires et de miliciens.

Ce bataillon est commandé par un major et divisé en quatre compagnies. Il est fort de cinq cents hommes au plus sans les cadres.

Art. 2.

Les cadres comprennent treize officiers combattants, outre le commandant, un quartier-maître, un médecin militaire, un auditeur et un nombre de sous-officiers, de caporaux et de cornets, que Nous Nous réservons de déterminer.

Nous Nous réservons aussi de nommer, soit un officier du corps des chasseurs, soit tout autre officier Notre aide-de-camp; dans le cas où cet aide-de-camp sera attaché à Notre personne, il sera porté à la suite du bataillon.

Art. 3.

Ne peuvent être reçus comme volontaires que des hommes non mariés, d'une bonne conduite, d'une constitution robuste, et qui au moment de leur premier engagement ne sont pas âgés de plus de vingt-cinq ans.

Les engagements sont contractés au moins pour trois ans; le rengagement pour deux ans.

Art. 4.

Les levées de la milice ont lieu pour compléter le corps des chasseurs. Nous déterminons le nombre d'hommes qui sont appelés chaque année au service.

Sont obligés de servir, les hommes qui ont atteint l'âge de dix-neuf ans accomplis avant le 1er janvier. La durée du service est de cinq ans.

Art. 5.

Les miliciens des trois dernières levées peuvent être appelés et sont tenus de rester sous les armes suivant les besoins du service. Les miliciens des deux levées les plus anciennes ne peuvent être mis en activité que dans le cas d'événements extraordinaires.

Le nombre d'hommes présents sous les armes sera ultérieurement fixé par le Gouvernement, d'accord avec l'Assemblée des États.

En attendant il est fixé à deux cent soixante (sans le cadre).

Art. 6.

Les hommes composant le bataillon de chasseurs reçoivent une instruction militaire complète.

Il est de plus donné aux volontaires et à ceux des miliciens qui le désirent, par des officiers, et au besoin par des professeurs désignés à cet effet, des leçons régulières sur la police générale, rurale, sur le service forestier, sur celui des douanes, ainsi que sur celui des chemins de fer.

Art. 7.

Les volontaires et miliciens qui auront suivi les cours dont il est fait mention dans l'article précédent et auront rempli leur devoir d'une manière entièrement satisfaisante, auront des titres de préférence, suivant le genre d'instruction et l'aptitude de chacun, pour être nommés dans la gendarmerie, dans la douane, dans l'administration forestière, dans le service de la police municipale et rurale, pour les emplois inférieurs dans l'administration des postes, des prisons et des travaux publics et pour être recommandés près des sociétés des chemins de fer.

Art. 8.

La position des officiers dont les emplois seront supprimés est réglée comme suit :

La pension des officiers d'un grade supérieur à celui de capitaine sera liquidée conformément aux dispositions de la loi du 9 mars 1867, mais il sera ajouté au chiffre de la pension ainsi liquidée un dixième en sus.

Les officiers du grade de capitaine auront droit aux trois quarts du traitement d'activité dont ils jouissent actuellement.

Les lieutenants et sous-lieutenants auront également droit aux trois quarts du traitement d'activité dont ils jouissent actuellement ; ces trois quarts du traitement seront majorés de vingt francs pour chaque année d'activité dans le grade; néanmoins les années d'activité dans le grade à raison desquelles une majoration de traitement aura été acquise au titulaire, ne seront pas comptées pour cette nouvelle majoration. Pendant les trois premières années qui suivront la promulgation de la présente loi, les trois quarts de leurs traitements respectifs, ensemble la majoration de vingt francs ci-dessus prévue par année d'activité dans le grade, seront accordés aux ayants-droit à titre de traitement d'attente ; celui-ci cessera de courir lorsque l'ayant-droit refuse son ancien emploi ou un emploi équivalent ou supérieur qui lui serait offert. Dans ce cas, sa pension sera définitivement réglée conformément à la loi du 9 mars 1867, et elle sera fixée comme celle pour l'ancienneté de service, sans pouvoir être inférieure au tarif de la première colonne du tableau annexé à la dite loi. A l'expiration des trois premières années, les trois quarts du traitement, et pour les lieutenants et sous-lieutenants, la majoration ci-dessus prévue, seront définitivement acquis à titre de pension à l'ayant-droit auquel aucun emploi équivalent ou supérieur n'aura été offert.

Ils seront également acquis définitivement à titre de pension à partir de la suppression de leur emploi à ceux des officiers qui auront atteint l'âge de quarante-cinq ans accomplis, et à partir de l'époque où ils auront atteint cet âge à ceux qui l'atteindront postérieurement à la suppression de leur emploi, mais avant l'expiration de trois premières années.

Le maximum des traitements d'attente et pensions accordés par la présente loi ne pourra dépasser le maximum de la pension d'ancienneté afférente au grade immédiatement supérieur à celui de l'ayant-droit, tel qu'il est fixé à la 3e colonne du tableau annexé à la loi du 9 mars 1867.

Ces dispositions seront également appliquées aux deux officiers déjà pensionnés en suite des modifications apportées à l'organisation militaire par l'arrêté royal grand-ducal du 10 septembre 1867.

Art. 9.

Les militaires au-dessous du grade d'officier qui ne sont pas admis dans le bataillon de chasseurs et ne sont pas employés dans la gendarmerie, dans la douane ou dans une autre administration civile, jouissent des cinq sixièmes tant de leur solde que des autres avantages attachés à leur position, jusqu'à ce qu'un emploi leur soit accordé. S'ils n'obtiennent pas d'emploi, ils conservent leur solde de disponibilité tant qu'ils n'ont pas droit à la pension.

Art. 10.

Les lois et règlements sur la milice et le service militaire actuellement en vigueur, sont observés tant qu'il n'aura pas été autrement disposé.

Art. 11.

Nous Nous réservons de prendre les mesures règlementaires et transitoires que l'exécution de la présente loi rendra nécessaire.

Mandons et ordonnons que la présente loi soit insérée au *Mémorial*, pour être exécutée et observée par tous ceux que la chose concerne.

Luxembourg, le 18 mai 1868.

Pour le Roi Grand-Duc :
Son Lieutenant-Représentant dans le Grand-Duché,
HENRI,
PRINCE DES PAYS-BAS.

Le Ministre d'État, Président du Gouvernement,
SERVAIS.

Par le prince :
Le Secrétaire : d'OLIMART.

ARRETÉ ROYAL GRAND-DUCAL DU 4 JUIN 1868, RÉGLANT L'EXÉCUTION DE LA LOI DU 18 MAI 1868 SUR L'ORGANISATION MILITAIRE.

Nous GUILLAUME III, par la grâce de Dieu, Roi des Pays-Bas, Prince d'Orange-Nassau, Grand-Duc de Luxembourg, etc.

Vu la loi du 18 mai 1868;

Notre Conseil d'Etat entendu en son avis;

Sur le rapport de Notre Ministre d'Etat, Président du Gouvernement et vu la délibération prise par le Gouvernement en conseil;

Avons arrêté et arrêtons:

Art. 1er.

A partir du 10 juin 1868 le premier bataillon des chasseurs luxembourgeois formera le bataillon de chasseurs qui doit être organisé conformément à la loi du 18 mai 1868.

Fait partie de ce bataillon tout le personnel dont est composé le deuxième bataillon, lequel est supprimé.

Le tableau annexé au présent arrêté détermine la formation du bataillon des chasseurs.

Art. 2.

Le major-commandant réunit aux attributions d'un chef de bataillon celles de l'ancien commandant militaire supérieur.

Le major est remplacé dans le cas d'empêchement par le plus ancien capitaine du bataillon.

Si ce capitaine est moins ancien que le capitaine-commandant la gendarmerie, il commande uniquement le bataillon, et le capitaine-commandant la gendarmerie réunit à ce dernier commandement le commandement supérieur des deux corps. Néanmoins les nominations dans les cadres du bataillon ne se feront pas sans le consentement du chef de bataillon.

Art. 3.

Les officiers qui ne sont pas compris dans le bataillon conservent jusqu'au 30 juin 1868 leur traitement et les autres émoluments y attachés.

Art. 4.

Tous les comptes à rendre par les titulaires des emplois supprimés seront arrêtés avant le 10 juillet prochain. La remise des magasins aura lieu avant le même jour.

Art. 5.

Les militaires au-dessous du grade d'officier qui ne sont pas admis dans le bataillon de chasseurs ou ne sont pas appelés à un emploi civil, conservent leur solde et les autres émoluments y attachés jusqu'au 30 juin 1868. A partir du 1er juillet ils seront traités comme le prescrit l'art. 9 de la loi du 18 mai 1868. Ils seront portés à la suite du bataillon.

Art. 6.

Les militaires au-dessous du grade d'officier qui jouissent des cinq sixièmes de leur solde conformément à la loi du 18 mai 1868, ont droit à l'intégralité de cette solde à partir du jour où ils sont appelés à un emploi civil, tant qu'ils ne jouissent pas de traitements ou d'émoluments égaux à cette solde.

Art. 7.

Les militaires qui sont appelés à faire un service temporaire dans la douane peuvent être remplacés dans le bataillon.

Art. 8.

Notre Ministre d'État, Président du Gouvernement, est chargé de l'exécution du présent arrêté.

La Haye, le 4 juin 1868.

Pour le Roi Grand-Duc :
Son Lieutenant-Représentant dans le Grand-Duché,
HENRI,
PRINCE DES PAYS-BAS.

Le Ministre d'État, Président du Gouvernement,
SERVAIS.

Par le Prince :
Le Secrétaire : d'OLIMART.

ORGANISATION DU BATAILLON DE CHASSEURS LUXEMBOURGEOIS.

(4 COMPAGNIES.)

État-major :

Major-commandant 1, adjudant de bataillon 1, adjudant de S. M. le Roi Grand-Duc 1 (combattants); quartier-maître médecin militaire 1, auditeur militaire 1 (non-combattants).

Adjudant-sous-officier 1, cornet d'état-major 1, sergent-facteur 1 (combattants); employés aux écritures (sergent-major ou sergent) 2, maître-tailleur (sergent) 1, maître-cordonnier (sergent) 1, maître-armurier (sergent) 1, infirmier en chef (sergent) 1, magasinier (caporal) 1 (non-combattants).

4 compagnies :

Capitaines 4, lieutenants en premier 4, sous-lieutenants 4, sergents-majors 4, sergents 16, fourriers 4, caporaux 32, cornets de 1re classe (sergent-major) 2, cornets de 1re classe (sergent) 6, cornets de 2e classe (caporal) 8, cornets de 3e classe 8, élèves-cornets 4, soldats 500.

Total: 15 officiers combattants, 3 officiers non-combattants; 587 troupes combattants, 7 troupes non-combattants.

Formation d'une compagnie :

Capitaine 1, lieutenant en premier 1, sous-lieutenant 1. Total 3.

Sergent-major 1, sergents 4, fourrier 1, caporaux 8, cornets de différentes classes 6, élève-cornet 1, soldats 125. Total 146.

FORCE ARMÉE.

La loi du 18 mai 1868 sur l'organisation militaire a donné des résultats satisfaisants; elle a constamment répondu aux exigences des circonstances dans lesquelles on s'est trouvé.

Le contingent ordinaire fourni par les classes des années

qui ont suivi la publication de la prédite loi a été de cent hommes, ou de 1 par 2000 habitants. Le contingent extraordinaire a été de 50 hommes pour la levée de 1870.

En 1869 il n'y a pas eu de tirage de la milice, parce que la classe qui arrivait après celle de 1868 n'avait pas l'âge requis, qui venait d'être porté de 18 à 19 ans. Il n'en est résulté aucun dérangement, puisque l'incorporation des miliciens, qui se faisait autrefois une année après le tirage, a aujourd'hui lieu pendant l'année même où il y est procédé.

La charge militaire est onéreuse pour beaucoup de ceux qu'elle atteint; on ne néglige pas de venir en aide autant que possible aux miliciens qui ne sont pas dans le cas de supporter des sacrifices, par des congés qu'on leur accorde. L'équité exige que l'on fasse davantage et que l'on prenne des mesures pour indemniser les individus qui sont assujettis au service militaire, et ont, au nombre de quelques-uns, à remplir une obligation qui devrait être répartie entre tous. Des propositions qui ont ce but sont préparées pour être soumises à la Chambre.

Le nombre des hommes sous les armes a dépassé assez souvent celui de 260 fixé par la loi pour les circonstances ordinaires; cela a d'abord eu lieu tous les ans pendant le temps où les miliciens nouvellement incorporés ont reçu l'instruction militaire qui devait leur permettre de faire le service de garnison. Ensuite, pendant la guerre, les miliciens de trois classes ont dû être un moment réunis. Des détachements du corps ont été employés à la surveillance de la frontière, notamment dans le canton d'Esch, et surtout au moment du bombardement de Longwy; leurs services ont été très-utiles.

Les volontaires ont été constamment plus nombreux; au moment de l'introduction de la nouvelle organisation, en juin 1868, on en comptait 96 dans les deux bataillons qui existaient alors; on en comptait pendant le mois de juin dernier 170; il y a donc eu une augmentation moyenne de 23 volontaires par an, depuis la nouvelle organisation.

Les engagements sont encouragés, parce que le bataillon des chasseurs est devenu l'école dans laquelle sont formés, par l'instruction qui s'y donne, les candidats qui reçoivent la préférence pour les emplois dans la gendarmerie, la douane, l'administration forestière, celles des postes et des prisons. Depuis le mois de juin 1868 jusqu'au mois de juin 1871, 46 hommes ont été placés dans la gendarmerie, 52 dans l'administration des douanes, 7 dans celle des postes, 10 dans celle des prisons et 10 dans celle des chemins de fer. Les sujets qui ont de l'aptitude pour les mêmes emplois ne manquent pas. Ainsi on a pu récemment remplacer immédiatement par des hommes pris dans le bataillon, les 63 douaniers qui ont été envoyés en Lorraine sur la demande du Gouvernement allemand. Sous ce rapport l'organisation actuelle a réalisé les espérances auxquelles on a attaché le plus d'importance au moment où elle a été arrêtée.

Les dépenses occasionnées par le bataillon de chasseurs qui avaient été en moyenne de 363,000 frs. pendant les cinq dernières années avant la nouvelle organisation, se sont élevées à 273,000 frs. en 1868, à 228,000 frs. en 1869 et à 232,000 frs. en 1870. Le supplément de solde accordé aux sous-officiers et soldats, l'appel sous les armes pendant la guerre d'un plus grand nombre d'hommes qu'en temps ordinaire, ont été cause que les dépenses ont dépassé les prévisions.

Une dépense extraordinaire reste à faire; [1]) elle est relative à l'acquisition d'armes perfectionnées, en remplace-

[1]) Au moment de la mise sous presse l'armement du corps est terminé; la dépense s'est élevée à 55,000 fr. environ.

ment de celles du vieux modèle dont les soldats se servent encore actuellement; elle est évaluée à 41,000 frs. pour l'acquisition de fusils Remington, en nombre suffisant afin que les hommes du bataillon des chasseurs ordinairement présents sous les armes et la gendarmerie puissent en être armés.

Gendarmerie:

La gendarmerie comprend trois officiers, dont 1 capitaine et 2 lieutenants, 1 maréchal-des-logis-chef, 6 maréchaux-des-logis, 22 brigadiers, 27 gendarmes de première classe et 67 gendarmes de deuxième classe, en tout 126 hommes.

Le corps a continué à maintenir son excellente réputation, il a surtout rendu de bons services dans les circonstances difficiles où l'on s'est trouvé pendant la guerre.

Les dépenses auxquelles la gendarmerie donne lieu sont devenues d'année en année plus considérables; elles se sont élevées en 1867 à 139,000 frs., en 1868 à 165,000 frs., en 1869 à 163,000 frs., en 1870 à 191,000 frs.; en 1874, elles ont été de 207,000 frs. L'augmentation provient de différentes causes. Le corps a été renforcé d'un certain nombre d'hommes; des suppléments de solde ont été accordés aux sous-officiers et aux soldats par suite du renchérissement des denrées alimentaires; enfin le loyer des bâtiments occupés par les différentes stations s'élève tous les jours davantage.

Une indemnité de mobilier est accordée aux sous-officiers et aux gendarmes; elle est de 48 frs. pour le maréchal-des-logis-chef, de 36 frs. pour les autres sous-officiers et de 30 frs. pour chaque gendarme.

Les sous-officiers et gendarmes sont logés aux frais de l'Etat. Le service sanitaire de tout le corps, le prix des médicaments, les honoraires des médecins sont à charge du trésor public.

Traitements des officiers du bataillon des chasseurs fixés d'après la loi du 17 mai 1874:

Major-commandant 5,300 à 5,700. Capitaine 3,400 à 3,800. (D'après une loi tout récemment adoptée, le traitement des capitaines compris au nombre des combattants a été augmenté de 100 frs.) Lieutenant 2,600 à 3,000. Sous-Lieutenant 2,100 à 2,500. Une augmentation de traitement équivalente au cinquième de la différence entre le minimum et le maximum est accordée après chaque période de deux années de service dans le même grade.

Solde journalière des sous-officiers et soldats:

Adjudant sous-officier et autres sous-officiers assimilés à ce grade 3.60; cornet d'état-major (rang d'adjudant sous-officier) 3.60; sergent-major et musicien assimilé à ce grade 2.60; sergent, fourrier, cornet de première classe 1.90; caporal, cornet de deuxième classe 1.10; cornet de troisième classe 1.00; chasseur 0.90; milicien 0.85.

Indemnité pour la masse d'habillement:

Adjudant sous-officier et autres sous-officiers assimilés à ce grade 0.70; sergent-major, sergent, fourrier, cornets de première classe ayant rang de sergent-major ou de sergent 0.42; caporal-cornet de deuxième classe, cornet de troisième classe, chasseur et élève-cornet 0.32; milicien 0.20.

La ration de pain que chaque sous-officier et soldat reçoivent journellement est de 750 grammes.

Traitements des officiers de la gendarmerie:

Capitaine-commandant 3,900 frs., supplément de traitement 900 frs., frais de tournée 400 frs. Lieutenant ou sous-lieutenant commandant de district 2,500 frs., supplément de traitement 400 frs., frais de tournée 200 frs.

Solde journalière des sous-officiers et gendarmes:

	Solde par jour.	Montant par an.
Maréchal-des-logis-chef	frs. 4.83	frs. 1,762. 95
Maréchal-des-logis . . .	„ 4.16	„ 1,518. 40
Brigadier	„ 3.86	„ 1,408. 90
Gendarme de 1re classe	„ 3.33	„ 1,215. 45
Gendarme de 2e classe	„ 3.16	„ 1,153. 40

LA DÉLÉGATION DU GRAND-DUCHÉ DE LUXEMBOURG A LA FÊTE DU ROI DE HOLLANDE.

Tous les ans, à la fête du roi de Hollande, chacune des provinces du royaume est représentée à la cour par une délégation qui présente au Roi un gracieux souvenir comme témoignage de la loyauté de ses fidèles sujets. Le Grand-Duché de Luxembourg n'avait jusqu'à ce jour jamais pris part à ces délégations, qui sont de tradition dans les provinces de la Hollande. Ce n'était à coup sûr, de sa part, ni arrogance ni éloignement; mais le pays aimait à montrer par son attitude qu'il était libre et qu'il tenait à son autonomie. Cette année pourtant, à l'occasion du 25e anniversaire de l'avénement au trône de Sa Majesté Guillaume III, en raison de la solennité spéciale, le Grand-Duché de Luxembourg, rompant avec ses allures indépendantes, a été représenté parmi les délégations de la fête royale, et les treize cantons du Grand-Duché ont unanimement applaudi à cette démonstration. C'est qu'en effet, deux fois, en 1867 et en 1870, le Luxembourg, sous la pression des événements, a couru de réels dangers, et deux fois son indépendance menacée a trouvé dans la fermeté de la famille royale de Hollande un appui solide et une protection efficace. Le Luxembourg ne pouvait oublier ces deux vivants souvenirs, et la Chambre Luxembourgeoise, obéissant à une heureuse inspiration, a voté le crédit nécessaire pour offrir à leur

Souverain, au jour anniversaire de la 25e année de son règne, un témoignage éclatant de la gratitude des populations luxembourgeoises.

Une commission fut donc nommée pour mettre à exécution le vote de la Chambre, et M. le baron de Blochausen, président de cette Chambre, se rappelant que le directeur de l'*Illustration* était un ancien lauréat de l'Ecole municipale de dessin de Luxembourg, voulut bien prier M. Marc, notre honorable directeur, de composer le sujet artistique du souvenir qui devait être offert à Sa Majesté néerlandaise. Cette proposition, nous devons le dire, ne pouvait être que favorablement accueillie par M. Marc, qui a toujours eu pour le pays où il a fait ses premières études une prédilection marquée, prédilection que le malheur de ces trois dernières années a rendu d'autant plus vive que Metz, sa ville natale, n'est plus hélas! aujourd'hui française.

Le sujet choisi par M. Marc représente un bouclier. L'exécution de l'œuvre a été confiée aux soins de M. Froment Meurice, et les figures sont dues à la main de l'éminent sculpteur Falguières. Les parties d'or ont été exécutées par M. Dufresne, dont le talent, comme damasquineur, fut récompensé, en 1867, par la croix de la Légion d'honneur. L'idée est incontestablement des plus heureuses. Le roi de Hollande a été pour le Grand-Duché un bouclier, et c'est grâce à ce bouclier qu'il est toujours debout! L'exécution du travail est d'une grande richesse. Tout le bouclier est en argent et en or massifs. Le bouclier a la grandeur ordinaire de cette arme défensive, 70 centimètres de hauteur sur 50 de largeur. A la tête apparaissent deux victoires, — celle de 1867 et celle de 1870, — dominant la composition et portant l'écusson du Grand-Duché de Luxembourg avec l'adresse au Roi: A Sa Majesté Guillaume III, prince d'Orange-Nassau, etc., etc. le Grand-Duché de Luxembourg reconnaissant.

Au milieu de la composition se montre la paix, symbolisée par Minerve, et appuyée sur un bouclier aux armes du Roi. La paix tient fermement l'olivier, l'arbre pacifique qu'elle a planté. Autour de cette composition principale, inspirée de l'antique, encadrée de chêne, deux branches de laurier soutiennent les écussons des treize cantons [1]) du Luxembourg et représentent le vœu unanime des populations luxembourgeoises. Au pied se groupent les vaincus autour du lion néerlandais, tout fier de porter ce trophée. Ajoutons que les différents emblêmes, en s'enlaçant dans l'ensemble de la composition, font ressortir clairement chacune des pensées qui ont inspiré l'artiste. L'œuvre traduit grandement ce qu'elle veut exprimer.

Le bouclier est doublé en satin orange capitonné. C'est la couleur du roi de Hollande. Le brassard de la poignée est en cuir du Levant, aux couleurs luxembourgeoises, bleu, blanc, rouge. L'arme est renfermée dans un coffre en chêne verni richement ferré.

Après avoir été exposé deux jours à Luxembourg, où les autorités et les visiteurs se sont montrés ravis de ce beau travail, le bouclier a été présenté le 13 mai, jour de la fête du roi, à Sa Majesté Guillaume III, qui a fait à la délégation du Grand-Duché le plus chaleureux accueil et qui s'est montré vivement touché et du témoignage de gratitude et de la magnificence du présent. Le discours prononcé devant Sa Majesté par le Président de la Chambre, ainsi que la liste chronologique des événements mémorables de son règne, ont été laissés entre les mains du roi en exemplaires manuscrits sur velin, richement reliés par Gruel Engelmann en mosaïque de cuir du Levant représentant le chiffre du souverain et les armes de Luxembourg.

[1]) Capellen, Redange, Clervaux, Grevenmacher, Esch sur l'Alzette, Echternach, Luxembourg, Diekirch, Wiltz, Remich, Mersch, Larochette, Vianden.

TABLE DES MATIÈRES.

COMPTES-RENDUS [1]

DE L'OUVRAGE:

„LES ARDENNES BELGES"

AU POINT DE VUE MILITAIRE ET AGRICOLE ETC. ETC.

M. Emile Reuter, lieutenant au rég[t] des carabiniers, vient de publier un ouvrage dont nous avons eu naguère l'occasion d'entretenir nos lecteurs. Il est intitulé: *Les Ardennes belges au point de vue militaire et agricole.*

Nous nous sommes fait un plaisir de parcourir ce livre, parfaitement et savamment écrit, et nous pouvons affirmer que les intérêts matériels du Luxembourg y sont traités avec prudence, sagesse, lucidité et une profonde connaissance du sujet. Cet ouvrage devrait se trouver entre les mains de toutes les personnes qui s'intéressent à l'avenir et à la prospérité de notre beau pays; tous les propriétaires et tous les cultivateurs luxembourgeois ne peuvent surtout s'abstenir d'en prendre connaissance et de l'introduire dans leurs familles.

(*Journal du canton de Ciney.*)

Les Ardennes belges ont souvent été décrites et à des points de vue différents. Il y a quelques années, quatre spirituels touristes livraient au public un petit volume, d'un style plein de gaité et d'humour qui donnait une peinture vivante des localités les plus pittoresques de nos Ardennes, de leurs immenses et abrupts rochers, de leurs riantes vallées et même de l'aspect imposant et sauvage de ces grandes plaines ondoyantes que recouvrent la bruyère et les genêts. Aujourd'hui M. Emile Reuter, lieutenant au régiment des carabiniers a pris à tâche d'en signaler les richesses de tous genres et de rechercher par quels moyens il serait possible de fertiliser et de livrer à l'agriculture les grandes quantités de terrains incultes que l'on y rencontre encore et qui restent stériles faute de bras et d'engrais.

[1]) Il suffira de reproduire ici quelques comptes-rendus de l'ouvrage „*Les Ardennes Belges*" pour prouver au lecteur l'accueil bienveillant que ce travail a reçu.

M. Reuter veut aider la nature si généreuse et si féconde. C'est dans ce but qu'il a écrit son livre, qu'il dédie aux Luxembourgeois avec la conviction, dit-il dans sa préface, qu'il contribuera dans une forte mesure à l'amélioration de la condition matérielle de ses compatriotes; car notons que M. Reuter est luxembourgeois d'origine et de cœur.

Après avoir montré le pays dans toute sa vitalité, dans toute son étendue, et avoir fourni de nombreux et intéressants détails sur la nature du sol, l'industrie, le commerce, l'histoire et les monuments des principaux centres de population, M. Reuter décrit savamment les richesses minérales du Luxembourg et appelle de tous ses vœux le moment où des voies de communications nombreuses et faciles permettront une extension plus importante de l'extraction de ces produits. Mais ce qui attire spécialement l'attention de M. Reuter, c'est la nécessité de défricher les bruyères pour enrichir le pays au point de vue agricole. A cet effet et dans le but d'obtenir les éléments indispensables, qui sont l'engrais en quantité suffisante et les bras nécessaires, il préconise la création dans les Ardennes d'un grand nombre d'établissements civils et militaires. Ces établissements y rencontreraient toutes les conditions désirables d'existence et de développement. Ainsi, ils seraient non-seulement florissants, mais ils contribueraient encore à l'amélioration du sol qui les porterait.

M. Reuter ne se dissimule pas que ses projets nécessiteraient dans le principe d'assez grands sacrifices d'argent; mais il est, dit-il, des dépenses qui bientôt rendent au quintuple ce qu'elles ont coûté.

L'industriel, le cultivateur, l'homme d'affaires, le militaire, tous ceux enfin que la prospérité du Luxembourg intéresse, liront avec fruit l'ouvrage de M. Reuter, qui est du reste aussi bien écrit que bien pensé.

(L'Écho du Luxembourg.)

Sous le titre de „*Les Ardennes belges*" vient de paraître un petit ouvrage, écrit sans prétention, mais renfermant une description intéressante de ce coin de la Belgique qui naguère encore était un des plus grands débouchés pour notre commerce et notre industrie, débouché que nous avons malheureusement perdu par suite de la création du chemin de fer du Luxembourg.

L'auteur, M. Emile Reuter, lieutenant aux carabiniers, tout en prouvant qu'il sait manier la plume aussi bien que l'épée, ne se borne pas à faire une description analytique du pays, et à donner une indication sommaire des produits minéralogiques qu'il renferme. Il vise à un but plus sérieux et plus élevé: la transformation de cette contrée des Ardennes, qu'on considère comme entièrement aride et improductive, en un centre agricole des plus importants, en une contrée riche et prospère, capable de procurer à ses habitants un bien-être qu'il serait difficile de rencontrer ailleurs.

A première vue, les moyens préconisés par l'auteur paraitront peu pratiques et peut-être de tout point impraticables, mais en y réfléchissant on sera certainement amené à reconnaitre que souvent ce qui aura paru de prime abord d'une réalisation impossible, doit devenir avec le temps des plus réalisables.

Nous recommandons donc à nos lecteurs l'ouvrage de M. Reuter: ils seront certains d'y trouver des idées saines et surtout généreuses.

Le courrier de l'arrondissement de Dinant.

BIBLIOGRAPHIE. — Un officier, M. Emile Reuter, lieutenant au régiment des carabiniers, vient de publier un ouvrage très-intéressant sur les *Ardennes belges au point de vue agricole et le projet de création d'établissements civils et militaires dans le Luxembourg.* Restituer à l'agriculture les immenses bruyères que l'on rencontre encore en ce moment dans le Luxembourg, fertiliser les terrains qui restent stériles, faute de bras et d'engrais, voilà le problème que M. Reuter a cherché à résoudre dans l'intérêt d'une province qu'il connait et dont il a pu étudier tous les besoins.

L'Étoile belge.

BIBLIOGRAPHIE. — *Les Ardennes belges, au point de vue militaire et agricole*, tel est le titre d'un opuscule que M. Emile Reuter, lieutenant au régiment des carabiniers, vient de publier à la librairie Mucquard et Ce et qu'il dédie aux Luxembourgeois.

Hâtons-nous de le dire: l'ouvrage de M. Reuter n'a rien de commun avec celui du même titre de Victor Joly, chez l'un, l'utilité, le côté pratique remplace le pittoresque de l'autre.

Est-ce à dire que nous croyons à la réalisation facile, prochaine de toutes les idées, de toutes les améliorations, de tous les progrès rêvés, entrevus par M. Reuter.

Hélas, non. Nous sommes trop habitués nous-mêmes à la stérilité de vœux, vingt fois renouvelés, à l'inutilité de demandes vingt fois adressées aux gouvernants qui se sont succédés à la tête des affaires en Belgique, pour espérer que l'attention publique se fixera une bonne fois sur l'avenir d'une province qui pourrait être appelée à des développements matériels inconnus jusqu'ici, développements qui ne pourraient manquer d'exercer la plus heureuse influence sur l'avenir des autres provinces.

Nous n'en applaudissons pas moins aux efforts de M. Emile Reuter et nous ne saurions trop recommander la lecture de son livre à tous ceux qui s'intéressent à la prospérité du Luxembourg.

Pour donner une idée des travaux de M. Reuter et des recherches auxquelles il s'est livré, nous nous contenterons de reproduire ici le sommaire des chapitres de la troisième partie des *Ardennes belges.*

I. — De l'engrais.

Fumier des chevaux. — Vieille paille provenant des literies militaires. — Os et sang provenant d'une boucherie militaire et employés comme engrais. — Engrais provenant du camp que l'on établirait dans la province de Luxembourg. — Boues des villes. — Engrais liquides. — Eau des égoûts des villes. — Genêt, noir de raffinerie et racines de colza employés comme engrais. — Engrais provenant de divers établissements civils et militaires à fonder dans le Luxembourg.

II. Projet de création d'établissements civils et militaires.

Création d'une école d'agriculture. — Dépôt de mendicité. — Société ayant pour but de fonder une colonie de pauvres dans les Ardennes. — Prisons. — Hôpitaux. — Fabriques. — Haras. — Habitations isolées pour les ouvriers. — Maisons d'école. — Établissements alimentaires. — Bibliothèques populaires. — Primes annuelles accordées par le Gouvernement. — Récompenses à une certaine catégorie de cultivateurs. — Camp et champ de tir. — Reboisement du sol. — Plantations de sapins, épicéas, mélèzes, pins. — Pépinières. — Société d'horticulture et d'agriculture. — Société civile pour l'achat et la construction de maisons d'ouvriers. — Association ouvrière ayant pour but de pourvoir d'un journal gratuit ou à prix réduit les familles d'ouvriers. — Banque populaire. — Tableau servant à déterminer, par jour et par mois, le décompte d'une rente. d'une pension, d'un fermage ou de tout autre revenu annuel reconnu. — Tableau indiquant le calcul de l'intérêt à un demi pour cent par mois.

III. — Du défrichement.

Voies de communication. — Personnel employé au défrichement des bruyères, etc.

On le voit, les sujets effleurés ou approfondis par M. Reuter sont aussi intéressants que variés.

On trouve son livre, au prix de 2 fr., à la librairie C. Mucquard et Cie, libraire de la Cour, rue de la régence, à Bruxelles.

L'Indépendant d'Arlon et du Luxembourg.

M. Emile Reuter, lieutenant, a publié un ouvrage très-intéressant sur la province de Luxembourg.

La première partie de cet ouvrage donne une description très-bien réussie des *Ardennes belges* et des villes situées dans la province du Luxembourg. La deuxième partie est un aperçu de la constitution du sol du Luxembourg avec une indication sommaire des produits minéralogiques qu'il renferme; on y trouve la description des gites ferrifères de la partie méridionale de la province. Enfin la troisième partie indique ce qu'il y a à faire pour la prospérité du pays. Le défrichement, les engrais et la création d'établissements civils et militaires, voilà les questions qui sont traitées dans cette partie de l'ouvrage.

L'Indépendance luxembourgeoise.

Avis.

Les souscripteurs sont prévenus que la poste se chargera [illegible] recouvrement de la somme de 2 fr. 50, montant de l'ouvrage. On peut se procurer ce travail chez M. Reuter à Bruxelles, rue potagère 2[illegible] et chez M. Pierre Brück, imprimeur à Luxembourg. Les personnes qui voudraient souscrire à l'ouvrage: „Les Ardennes belges“ sont priées d'envoyer en un mandat sur la poste la somme de deux francs à M. [illegible]

www.ingramcontent.com/pod-product-compliance
Ingram Content Group UK Ltd.
Pitfield, Milton Keynes, MK11 3LW, UK
UKHW021537260726
13993UKWH00002B/546

9 782329 585000